CONNECTED MATHEMATICS

Datos sobre nosotros

Estadística y análisis de datos

Glenda Lappan, Elizabeth Difanis Phillips,
James T. Fey, Susan N. Friel

PEARSON

Boston, Massachusetts • Chandler, Arizona • Glenview, Illinois • Upper Saddle River, Nueva Jersey

Connected Mathematics® was developed at Michigan State University with financial support from the Michigan State University Office of the Provost, Computing and Technology, and the College of Natural Science.

This material is based upon work supported by the National Science Foundation under Grant No. MDR 9150217 and Grant No. ESI 9986372. Opinions expressed are those of the authors and not necessarily those of the Foundation.

As with prior editions of this work, the authors and administration of Michigan State University preserve a tradition of devoting royalties from this publication to support activities sponsored by the MSU Mathematics Education Enrichment Fund.

PEARSON

13-digit ISBN 978-0-13-327793-7
10-digit ISBN 0-13-327793-3
1 2 3 4 5 6 7 8 9 10 V003 18 17 16 15 14

El equipo de expertos

Glenda Lappan es Profesora Universitaria Distinguida del Departamento de Matemáticas de la Universidad Estatal de Michigan. Su campo de investigación es la interconexión entre el aprendizaje estudiantil de las matemáticas y el crecimiento y cambio profesional de los maestros de matemáticas en relación con el desarrollo y aplicación de los materiales curriculares de los grados K a 12.

Elizabeth Difanis Phillips es Especialista Académica Sénior del Departamento de Matemáticas de la Universidad Estatal de Michigan. Se interesa en la enseñanza y aprendizaje de las matemáticas tanto por parte de los maestros como de los estudiantes. Estos intereses la han conducido a desarrollar proyectos profesionales y curriculares para los niveles de escuela intermedia y secundaria, así como proyectos relacionados con la enseñanza y el aprendizaje del álgebra en los distintos grados.

James T. Fey es Profesor Emérito de la Universidad de Maryland. Su continuo interés profesional ha sido el desarrollo y la investigación de materiales curriculares que implican la participación de los estudiantes de la escuela intermedia y secundaria en la investigación cooperativa basada en la resolución de problemas de ideas matemáticas y sus aplicaciones.

Susan N. Friel es Profesora de Educación de Matemáticas de la Escuela de Educación de la Universidad de Carolina del Norte en Chapel Hill. Sus intereses de investigación se centran en la enseñanza de estadística a los estudiantes de los grados intermedios y, más ampliamente, en el desarrollo y crecimiento profesional de los maestros en la enseñanza de las matemáticas de los grados K a 8.

Con... Yvonne Grant y Jacqueline Stewart

Yvonne Grant enseña matemáticas en la Escuela Intermedia Portland en Portland, Michigan. Jacqueline Stewart es una maestra de secundaria de matemáticas, recientemente retirada, de la Escuela Secundaria Okemos en Okemos, Michigan. Tanto Yvonne como Jacqueline han trabajado en todos los aspectos del desarrollo, la implementación y el desarrollo profesional del currículum de CMP desde sus inicios en 1991.

Equipo de desarrollo

Autores de CMP3

Glenda Lappan, Profesora Universitaria Distinguida, Universidad Estatal de Michigan

Elizabeth Difanis Phillips, Especialista Académica Sénior, Universidad Estatal de Michigan

James T. Fey, Profesor Emérito, Universidad de Maryland

Susan N. Friel, Profesora, Universidad de Carolina del Norte en Chapel Hill

Con...

Yvonne Grant, Escuela Intermedia Portland, Michigan

Jacqueline Stewart, Asesora de Matemáticas, Mason, Michigan

En memoria de... William M. Fitzgerald, Profesor (Fallecido), Universidad Estatal de Michigan, que hizo contribuciones sustanciales para la conceptualización y creación de CMP1.

Ayudante administrativa

Universidad Estatal de Michigan
Judith Martus Miller

Equipo de apoyo

Universidad Estatal de Michigan
Ayudantes por graduarse:
Bradley Robert Corlett, Carly Fleming, Erin Lucian, Scooter Nowak

Ayudantes de desarrollo

Universidad Estatal de Michigan
Ayudantes Graduados de Investigación:
Richard "Abe" Edwards, Nic Gilbertson, Funda Gonulates, Aladar Horvath, Eun Mi Kim, Kevin Lawrence, Jennifer Nimtz, Joanne Philhower, Sasha Wang

Equipo de exámenes

Maine
Escuelas Públicas de Falmouth
Escuela Intermedia Falmouth: Shawn Towle

Michigan
Escuelas Públicas de Ann Arbor
Escuela Intermedia Tappan
Anne Marie Nicoll-Turner

Escuelas Públicas de Portland
Escuela Intermedia Portland
Holly DeRosia, Yvonne Grant

Escuelas Públicas del Área de Traverse City
Escuela Intermedia de Traverse City Este
Jane Porath, Mary Beth Schmitt

Escuela Intermedia de Traverse City Oeste
Jennifer Rundio, Karrie Tufts

Ohio
Escuelas Locales de Clark-Shawnee
Escuela Intermedia Rockway: Jim Mamer

Asesores de contenido

Universidad Estatal de Michigan
Peter Lappan, Profesor Emérito, Departamento de Matemáticas

Colegio Comunitario de Normandale
Christopher Danielson, Instructor, Departamento de Matemáticas y Estadística

Universidad de Carolina del Norte en Wilmington
Dargan Frierson, Jr., Profesor, Departamento de Matemáticas y Estadística

Actividades para estudiantes
Universidad Estatal de Michigan
Brin Keller, Profesora Asociada, Departamento de Matemáticas

Datos sobre nosotros

Estadística y análisis de datos

1

¿Qué hay en un nombre? Organizar, representar y describir datos

2

¿Quién vive en tu hogar? Usar la media

Más adelante

¿**Cuál** es el mayor número de mascotas que tienen los estudiantes de tu clase? ¿Cómo lo hallarías?

¿**Cuánto** varía el contenido de azúcar de diferentes tipos de cereales?

¿**Cómo** determinarías cuál de los dos equipos de básquetbol tiene jugadores más altos? ¿Y de mayor edad?

Los Espartanos de Charlestown		
Jugador	Edad	Estatura (cm)
#37	23	185
#29	27	173
#56	19	204
#39	35	202
#28	32	190
#16	33	209
#25	30	189

Parte del trabajo de un biólogo es recopilar datos de organismos, como por ejemplo, el coral. Lo hacen para entender al organismo y su función en el mundo. No todos los corales son iguales, así que los biólogos estudian muchos corales para aprender más sobre la especie en su conjunto.

De igual manera, el gobierno de los Estados Unidos recopila información sobre sus ciudadanos. Lo hacen para saber más sobre la población en su conjunto. Recopilar datos de todos los hogares de los Estados Unidos es una tarea enorme. Por tanto, hay que hacer muchas encuestas para recopilar información de grupos mucho más pequeños de personas.

Las personas a menudo hacen afirmaciones sobre los resultados de las encuestas. Es importante entender estas afirmaciones. Por ejemplo, ¿qué significa cuando los informes dicen que, en promedio, un estudiante de escuela intermedia ve tres horas de televisión en un fin de semana y tiene cuatro personas en su familia?

En *Datos sobre nosotros*, aprenderás a recopilar y analizar datos. También aprenderás a usar tus resultados para describir a las personas y sus características.

Datos sobre nosotros

En *Datos sobre nosotros,* aprenderás maneras diferentes de recopilar, organizar, mostrar y analizar datos.

En esta Unidad aprenderás a:

- Usar el proceso de investigación de datos al hacer preguntas, recopilar y analizar datos e interpretar los datos para responder a las preguntas

- Organizar y representar los datos usando tablas, diagramas de puntos, gráficas de barras, histogramas y gráficas de caja y bigotes

- Describir la forma general de una distribución e identificar si es o no simétrica alrededor de un valor central

- Calcular la media, la mediana y la moda de una distribución de datos y usar estas medidas para indicar lo que es típico para la distribución

- Describir la variabilidad de una distribución al identificar grupos y espacios vacíos y al calcular el rango, el rango entre cuartiles (REC) y la desviación absoluta media (DAM)

- Identificar qué medidas estadísticas de tendencia central y de dispersión se deben usar para describir una distribución de datos en particular

- Distinguir entre datos numéricos y datos por categorías e identificar qué gráficas y estadística se pueden usar para representar cada tipo de datos

- Comparar dos o más distribuciones de datos, incluido el uso de medidas de tendencia central y de dispersión para hacer comparaciones

Cuando encuentres un problema nuevo, es buena idea hacerte algunas preguntas. En esta Unidad, puedes preguntarte lo siguiente:

¿**Qué** pregunta se va a investigar para recopilar estos datos?

¿**Cómo** puedo organizar los datos?

¿**Qué** medidas estadísticas ayudarán a describir la distribución de los datos?

¿**Qué** me indicarán estas medidas estadísticas sobre la distribución de los datos?

¿**Cómo** puedo usar gráficas y estadísticas para informar la respuesta de mi pregunta original?

Prácticas matemáticas y hábitos mentales

En el plan de estudios de *Connected Mathematics* desarrollarás la comprensión de importantes ideas matemáticas mediante la resolución de problemas y la reflexión sobre las matemáticas involucradas. Todos los días usarás "hábitos mentales" para encontrar el sentido a los problemas y aplicar lo que aprendas a nuevas situaciones. Algunos de esos hábitos se describen en los *Estándares estatales comunes para prácticas matemáticas* (PM).

PM1 Entender problemas y perseverar en resolverlos.

Cuando uses las matemáticas para resolver un problema, te será de gran utilidad pensar cuidadosamente en

- los datos y otros hechos conocidos, y sobre la información adicional necesaria para resolver el problema;
- las estrategias que has usado para resolver problemas similares, y si primero puedes resolver un problema relacionado más simple;
- cómo podrías expresar el problema con ecuaciones, diagramas o gráficas;
- si tu respuesta tiene sentido.

PM2 Razonar de manera abstracta y cuantitativa.

Cuando se te pide resolver un problema, a menudo es útil

- concentrarte primero en las ideas matemáticas clave;
- comprobar que tu respuesta tenga sentido en el contexto del problema;
- usar lo que sabes acerca del contexto del problema para guiar tu razonamiento matemático.

PM3 Construir argumentos viables y evaluar el razonamiento de otros.

Cuando se te pide explicar por qué una conjetura es correcta, puedes

- mostrar algunos ejemplos que concuerden con la afirmación y explicar por qué concuerdan;
- mostrar cómo un nuevo resultado surge lógicamente de hechos y principios conocidos.

Cuando creas que una afirmación matemática es incorrecta, puedes

- mostrar uno o varios contraejemplos, es decir, casos que no concuerden con la afirmación;
- hallar pasos del argumento que no surjan lógicamente de afirmaciones previas.

PM4 Representar con modelos matemáticos.

Cuando se te pida que resuelvas problemas, generalmente te ayudará

- pensar cuidadosamente en los números o las figuras geométricas que sean los factores más importantes del problema, y después preguntarte cómo esos factores se relacionan entre sí;

- expresar los datos y las relaciones del problema con tablas, gráficas, diagramas o ecuaciones, y comprobar tu resultado para ver si tiene sentido.

PM5 Utilizar las herramientas apropiadas de manera estratégica.

Cuando trabajes con preguntas matemáticas siempre debes

- decidir qué herramientas son las más útiles para resolver el problema y por qué;

- intentar con una herramienta distinta cuando algo se complique.

PM6 Prestar atención a la precisión.

En toda exploración matemática o tarea de resolución de problemas, es importante

- pensar cuidadosamente en la precisión requerida para esos resultados: ¿se necesita una estimación o un bosquejo geométrico, o un valor o dibujo precisos?

- informar tus descubrimientos con lenguaje matemático correcto y claro para que pueda ser entendido por aquellos a quienes te diriges oralmente o por escrito.

PM7 Buscar y utilizar la estructura.

En toda exploración matemática o tarea de resolución de problemas, a menudo es útil

- buscar patrones que muestren cómo los datos, los números o las figuras geométricas se relacionan entre sí;

- usar patrones para hacer predicciones.

PM8 Buscar y expresar uniformidad en los razonamientos repetidos.

Cuando los resultados de un cálculo repetido muestren un patrón, es útil

- expresar ese patrón como una regla general que pueda usarse en casos similares;

- buscar métodos abreviados que simplifiquen los cálculos en otros casos.

Usarás todas las prácticas matemáticas en esta Unidad. A veces, cuando examines un problema, será obvio qué práctica es la más útil. Otras veces, decidirás qué práctica usar durante exploraciones y discusiones en clase. Después de trabajar con cada problema, pregúntate:

- ¿Qué conocimientos matemáticos aprendí resolviendo este problema?

- ¿Qué prácticas matemáticas fueron útiles para aprender estos conocimientos?

¿Hay alguien típico?

¿Cuáles son las características de un estudiante típico de escuela intermedia? ¿Existe en realidad un estudiante típico de escuela intermedia? Al trabajar en esta Unidad, identificarás datos "típicos" sobre tus compañeros, como por ejemplo:

- El número típico de letras del nombre completo de un estudiante
- El número típico de personas que viven en el hogar de un estudiante
- La estatura típica de un estudiante

Después de que hayas completado las Investigaciones de *Datos sobre nosotros,* llevarás a cabo una investigación estadística para responder a la pregunta,

"¿Cuáles son algunas de las características de un estudiante típico de escuela intermedia?"

Estas características pueden incluir:

- Características físicas (como la edad, la estatura o el color de los ojos)
- Características de la familia y del hogar (como el número de hermanos o de computadoras)
- Conductas (como los pasatiempos o el número de horas que pasa viendo la televisión)
- Preferencias, opiniones o actitudes (como el grupo musical favorito o la elección para presidente de clase)

Al trabajar en esta Unidad, haz y mejora tus planes para tu proyecto. Recuerda que una investigación estadística incluye hacer preguntas, recopilar datos, analizarlos e interpretar los resultados del análisis. Al trabajar en cada Investigación, piensa en cómo podrías usar lo que estás aprendiendo para completar tu proyecto.

¿Qué hay en un nombre? Organizar, representar y describir datos

Las personas, por naturaleza, sienten curiosidad por sí mismas y por los demás. Mientras trabajas en esta Unidad, toma notas sobre cómo describirías al estudiante "típico" de escuela intermedia. Al final de la Unidad, usarás lo que has aprendido para llevar a cabo una investigación estadística.

Resolver un problema estadístico incluye usar datos para responder a preguntas. Los problemas de cada Investigación te ayudarán a pensar en los pasos de una investigación estadística. Esto incluye

- hacer una pregunta,

- recopilar datos,

- analizar los datos,

- interpretar los resultados y escribir un informe para responder a la pregunta que se hizo.

Ya has usado gráficas de barras, diagrama de puntos y tablas para organizar y comparar datos. En *Datos sobre nosotros,* usarás otras herramientas y representaciones.

Estándares estatales comunes

6.SP.A.2 Entender que un conjunto de datos recopilados para responder a una pregunta estadística tiene una distribución que se puede describir por su tendencia central, dispersión y forma general.

6.SP.B.4 Mostrar datos numéricos en diagramas en una recta numérica, incluyendo diagramas de puntos…

6.SP.B.5a Resumir conjuntos de datos numéricos en relación con su contexto, como al informar el número de observaciones.

También 6.SP.A.1, 6.SP.A.3, 6.SP.B.5c

1.1 ¿Cuántas letras hay en un nombre?

Los nombres están llenos de tradición. Los *onomatologistas* estudian los nombres para descubrir pistas acerca de los antepasados familiares o dónde se establecieron las personas en todo el mundo. Una característica en la que quizá no hayas pensado es en la *longitud* del nombre de una persona.

Hay veces en las que la longitud de un nombre es importante. Las computadoras pueden truncar, o cortar, un nombre largo en una tarjeta de la biblioteca o en la dirección de un correo electrónico. De igual manera, es posible que sólo quepa un número limitado de letras en una pulsera de la amistad.

En el Problema 1.1, una clase de escuela intermedia está estudiando varios países asiáticos, como se muestra en el mapa siguiente. La clase tiene amigos por correspondencia con una clase de China.

La tabla de la página siguiente muestra los nombres de los 30 estudiantes de cada clase. Al lado de los nombres están los **datos** u *observaciones* de la longitud de cada nombre, es decir, el número total de letras del nombre y del primer apellido de cada estudiante.

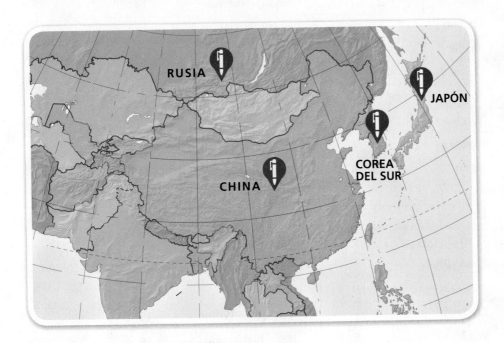

Longitudes de nombres, Tabla 1

Estudiantes chinos	Número de letras	Estudiantes estadounidenses	Número de letras
Hua Gao	6	Carson Alexander	15
Liu Gao	6	Avery Anderson	13
Xiang Guo	8	Makayla Bell	11
Zhang Guo	8	Hunter Bennett	13
Li Han	5	Jacob Campbell	13
Yu Han	5	Alexandria Clark	15
Miao He	6	Antonio Cook	11
Yu Hu	4	Kaitlyn Cooper	13
Kong Huang	9	Takisha Davis	12
Ping Li	6	Rebecca Díaz	11
Li Liang	7	Sofía García	11
Chen Lin	7	Arlo Gonzales	12
Yanlin Liu	9	Elijah Hall	10
Dan Luo	6	Kaori Hashimoto	14
Lin Ma	5	Dalton Hayes	11
Lin Song	7	Noah Henderson	13
Chi Sun	6	Haley Jenkins	12
Bai Tang	7	Jack Kelly	9
Dewei Wang	9	Bryce Moore	10
Zhou Wu	6	Lillian Richardson	17
Yun Xiao	7	Liam Rogers	10
Hua Xie	6	Savannah Russell	15
Le Xu	4	Kyle Simmons	11
Xiang Xu	7	Adam Smith	9
Chi Yang	7	Marissa Thomas	13
Qiao Zhang	9	Danielle Thompson	16
Zheng Zhao	9	Esperanza Torres	15
Yang Zheng	9	Ethan Ward	9
Chung Zhou	9	Mackenzie Wilson	15
Wu Zhu	5	Nathaniel Young	14

- Un **atributo** es una característica acerca de una persona u objeto. ¿Qué atributo se está investigando aquí?

- ¿Cómo se determinan los datos para las 60 observaciones?

- ¿Qué gráficas podrías hacer para organizar y comparar esta información?

- Compara las longitudes de los nombres de los estudiantes estadounidenses con las longitudes de los nombres de los estudiantes chinos. ¿Qué observas?

En este Problema, representarás datos con tablas y gráficas para examinar su **distribución,** es decir, la forma del conjunto de datos como un todo.

Problema 1.1

A Una **tabla de frecuencias** muestra el número de veces que ocurre cada valor de un conjunto de datos. Esta ordena las observaciones de menor a mayor con sus frecuencias correspondientes.

La tabla de frecuencias muestra algunos de los datos sobre la clase china. Las longitudes de los primeros siete nombres (desde Hua Gao hasta Miao He) se registraron con marcas de conteo.

Longitudes de nombres chinos
(de Longitudes de nombres, Tabla 1)

Número de letras	Conteo	Frecuencia
1		0
2		0
3		0
4		■
5	||	■
6	|||	■
7		■
8	||	■
9		■

continúa en la página siguiente >

Problema 1.1 continuación

1. **a.** Hay algunas longitudes de nombres que no existen, como un nombre que solo tenga una letra. ¿Cómo se muestra esto en la tabla?

   b. En una copia de la tabla, completa las entradas de la clase china.

2. Con los datos de la clase estadounidense, haz una tabla de frecuencias como la de la página anterior.

3. Compara las dos tablas de frecuencias de los datos de las clases.

   a. ¿Cuál es el nombre chino más corto? ¿Y el más largo?

   b. ¿Cuál es el nombre estadounidense más corto? ¿Y el más largo?

B Un **diagrama de puntos** es una gráfica que muestra los valores en una recta numérica usando ✗ u otras marcas.

1. Haz dos diagramas de puntos, uno para cada clase. Usa la misma *escala* en ambos diagramas de puntos.

2. Describe cómo te ayudaron las tablas de frecuencia a hacer los diagramas de puntos.

C Usa los diagramas de puntos que hiciste en la Pregunta B. Observa las formas de las distribuciones de los conjuntos de datos.

1. ¿Cómo describirías la *forma* de la distribución? ¿Hay algún lugar donde los valores se agrupen, es decir, formen **grupos**? ¿Hay alguna **brecha,** es decir, lugares en los que no haya valores?

2. Escribe dos preguntas sobre las clases de China y de los Estados Unidos que puedas responder con tus gráficas.

3. Escribe tres enunciados para comparar las longitudes de los nombres de los estudiantes de los Estados Unidos y de los estudiantes de China.

4. Describe cómo te ayudaron los diagramas de puntos a comparar las longitudes de los nombres de las dos clases.

D 1. Identifica una longitud o longitudes de nombre típico de la clase china. Explica tu razonamiento.

2. Identifica una longitud o longitudes de nombre típico de la clase estadounidense. Explica tu razonamiento.

A C A La tarea comienza en la página 19.

1.2 Describir las longitudes de los nombres
¿Cuáles son la forma, la moda y el rango?

El Problema 1.1 te pidió que describieras la longitud o longitudes típicas de los nombres de las clases de los Estados Unidos y China. Una manera de describir lo que es *típico* es identificar los valores que ocurren con más frecuencia. Esta es la **moda** del conjunto de datos. Un conjunto de datos puede tener más de una moda. Mira otra vez las gráficas que hiciste en el Problema 1.1.

- ¿Cuál es la moda de los datos de la clase estadounidense? ¿Y de los datos de la clase china?

En cualquier conjunto de datos, los valores varían desde un **valor mínimo** hasta un **valor máximo.** La diferencia del valor máximo y el valor mínimo es el **rango** de los datos.

- ¿Cuál es el rango de los datos de la clase estadounidense? ¿Y de los datos de la clase china?

¿Lo sabías?

En el mundo se hablan actualmente casi 7,000 idiomas. Los idiomas cambian cuando las personas de culturas diferentes interactúan unas con otras. Algunos idiomas tienen alfabetos idénticos o parecidos, como el español y el inglés. Otros idiomas, como el árabe y el japonés, usan sistemas de caracteres que son muy diferentes del alfabeto que se usa en los Estados Unidos.

La clase de escuela intermedia de los Estados Unidos recibe ahora una lista de 20 nombres de amigos por correspondencia de una clase de Japón.

**Longitudes de nombres,
Tabla 2**

Estudiantes japoneses	Número de letras
Ai Kiyomizu	10
Daiki Kobayashi	14
Tsubasa Tanaka	13
Eric Katou	9
Kana Hayashi	11
Miyuu Shimizu	12
Ken Satou	8
Manami Ikeda	11
Hina Mori	8
Ryo Takahashi	12
Taka Yamamoto	12
Takumi Itou	10
Haruto Nakamura	14
Tomo Sasaki	10
Youta Kichida	12
Yuki Ine	7
Kiro Suzuki	10
Yumi Matsumoto	13
Yumi Yamasaki	12
Yusuke Yoshida	13

 ¿Cómo se relacionan las longitudes de los nombres japoneses con las longitudes de los nombres estadounidenses?

En este Problema, usarás *diagramas de puntos* para representar la frecuencia de los datos. Los **diagramas de puntos** pueden usar ✗ o círculos rellenos.

Problema 1.2

A Los estudiantes de la clase estadounidense comienzan haciendo un diagrama de puntos para mostrar la frecuencia de los datos de las longitudes de los nombres japoneses. Anotan los valores de los primeros 12 nombres de la lista en el diagrama de puntos siguiente.

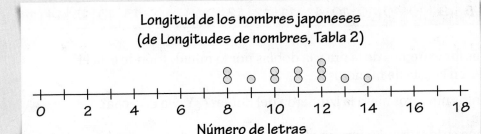

Longitud de los nombres japoneses
(de Longitudes de nombres, Tabla 2)

Número de letras

1. En una copia del diagrama de puntos, agrega los datos de los últimos ocho nombres (desde Takuya Nakamura hasta Yusuke Yoshida).

2. Mira la forma de la distribución.

   a. ¿Hay *grupos* de datos? Explica tu razonamiento.

   b. ¿Hay brechas en la distribución? Explícalo.

B 1. ¿Cuál es la *moda* de esta distribución?

2. ¿Es la moda una buena descripción de la longitud típica de los nombres de los estudiantes japoneses? ¿Por qué?

C 1. ¿Cuál es el *rango* de los datos?

2. Usa el rango de cada conjunto de datos para comparar las longitudes de los nombres estadounidenses, chinos y japoneses.

A C A La tarea comienza en la página 19.

1.3 Describir las longitudes de los nombres
¿Cuál es la mediana?

Otra manera de describir lo que es típico es marcar el punto medio, o la **mediana,** de un conjunto de datos. Para identificar la mediana, comienza haciendo una *lista ordenada* de los valores.

Usa una tira de 20 cuadrados de una hoja de papel cuadriculado para organizar los datos de los amigos por correspondencia japoneses del Problema 1.2. Escribe las longitudes de los nombres de menor a mayor en el papel cuadriculado, como se muestra a continuación.

7	8	8	9	10	10	10	10	11	11	12	12	12	12	12	13	13	13	14	14

- Si unes los extremos de la tira y la doblas por la mitad, ¿dónde está el doblez en la lista de números?

- ¿Cuántos números hay a la izquierda del doblez? ¿Y a la derecha?

La mediana se localiza siempre en el punto "de la mitad" de un conjunto de datos ordenados. Dado que hay 20 valores, la *posición* de la mediana está en el doblez que está entre los valores 10°. y 11°. El *valor* de la mediana se determina usando los valores reales de los valores 10°. y 11°.

- ¿Cuál es la mediana del conjunto de datos?

Una **estadística sumaria** es un número que se calcula a partir de todos los valores de una distribución. Resume algo importante sobre la distribución. La mediana es una estadística sumaria. El rango y la moda también son estadísticas sumarias.

- ¿Qué puedes decir sobre las longitudes de los nombres de los estudiantes japoneses cuando conoces la mediana?

Problema 1.3

A Las notas adhesivas siguientes muestran los datos de las longitudes de los nombres de los estudiantes japoneses. La línea roja muestra la *posición* de la mediana, es decir, el punto medio de las 20 observaciones. El *valor* de la mediana es $11\frac{1}{2}$ letras, determinado por los valores 10°. y 11°. de "11" y "12" letras.

1. El maestro japonés envió dos nombres más, Arisa Hasimoto y Yui Inoue. ¿Cuántas observaciones hay ahora? ¿Cuál es la *posición* de la mediana? ¿Cuál es el *valor* de la mediana? Explícalo.

2. Se agrega un nombre más, Hina Abe. ¿Cuánta observaciones hay ahora? ¿Cuál es la *posición* de la mediana? ¿Cuál es el *valor* de la mediana? Explícalo.

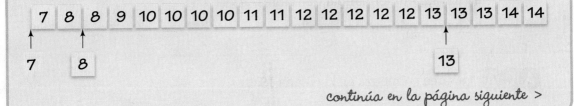

continúa en la página siguiente >

Problema **1.3**   *continuación*

3. Los nombres Aya Yamaguchi, Ayumi Rin, Eri Matsumoto, Haruka Kimura, Kazu Ohayashi, Kazuki Yamada y Sayake Saitou se agregan a la lista. Ahora hay 30 nombres de la clase japonesa.

   a. ¿Cambia la posición de la mediana de la ubicación que tenía en el inciso (2)? Explícalo.

   b. ¿Cambia el valor de la mediana? Explícalo.

   c. Usa el conjunto completo de los nombres japoneses. La mitad de los valores son *menores que o iguales al* valor de la mediana. La mitad son *mayores que o iguales al* valor de la mediana. Explica por qué.

B Compara los datos japoneses con los datos chinos y estadounidenses del Problema 1.1.

   1. Identifica el valor de la mediana y del rango para cada uno de los tres conjuntos de datos.

   2. Usa estas estadísticas para escribir al menos tres enunciados que comparen las distribuciones de tres longitudes de nombres.

C **1.** ¿Cuál es la posición de la mediana en una distribución que tiene 9 valores? ¿Y 19 valores? ¿Y 999 valores?

   2. ¿Cuál es la posición de la mediana en una distribución que tiene 10 valores? ¿Y 20 valores? ¿Y 1,000 valores?

   3. Describe cómo localizar la posición de la mediana y hallar el valor de la mediana cuando

   a. hay un número impar de valores.

   b. hay un número par de valores.

 La tarea comienza en la página 19.

Aplicaciones

En los Ejercicios 1 a 4, usa la tabla siguiente.

Longitudes de nombres, Tabla 3

Amigos coreanos por correspondencia	Número de letras	Amigos coreanos por correspondencia	Número de letras
Kim Ae-Cha	8	Hwang Il	7
Lee Chin-Hae	10	Song Ja	6
Park Chin	8	Ahn Jae-Hwa	9
Choi Chung-Cha	12	You Jung	7
Jung Chung-Hee	12	Hong Kang-Dae	11
Kang Bae	7	Kim Hyo-Sonn	10
Cho Dong-Yul	10	Yi Mai-Chin	9
Yoon Eun-Kyung	12	Pak Mi-Ok	7
Chang Hei-Ran	11	Kim Mun-Hee	9
Lim Hak-Kun	9	Yun Myung	8
Han Hei	6	Sin Myung-Hee	11
Shin Hwan	8	Gwon Myung-Ok	11
Suh Eun-Kyung	11	Hong Sang-Ook	11
Kwon Hyun	8	Jeong Shin	9
Son Hyun-Ae	9	Bak Soo	6

1. Haz una tabla de frecuencias y un diagrama de puntos para los datos de la clase coreana.

2. ¿Cuál es el nombre coreano más corto? ¿Y el más largo?

3. ¿Cómo describirías la forma de la distribución de los datos coreanos?

4. Identifica la longitud o longitudes más comunes de los nombres para los datos de la clase coreana. Explica tu razonamiento.

5. Recuerda las tablas de las longitudes de los nombres de los Problemas 1.1 y 1.2 y los nombres de los Ejercicios 1 a 4. A continuación hay cuatro diagramas de puntos que representan cada conjunto de nombres. No hay títulos que muestren qué datos representa cada gráfica.

a. Escribe un título correcto para cada gráfica, como *Gráfica A: Longitudes de nombres de __?__*. Explica tu razonamiento.

b. Escribe cuatro enunciados que comparen las longitudes de los nombres de las distintas clases.

Gráfica A: Número de letras

Gráfica B: Número de letras

Gráfica C: Número de letras

Gráfica D: Número de letras

c. Jazmín dice que las gráficas muestran muchos espacios vacíos. Cree que las gráficas funcionarían mejor si se parecieran a los diagramas de puntos siguientes. ¿En qué se diferencian estas gráficas de los diagramas de puntos que se muestran en el inciso (b)? ¿Estás de acuerdo con Jazmín? Explica tu razonamiento.

Gráfica A: Número de letras

Gráfica B: Número de letras

Gráfica C: Número de letras

Gráfica D: Número de letras

La clase estadounidenses también tiene amigos por correspondencia con una clase rusa. En los Ejercicios 6 a 9, usa la gráfica de barras siguiente.

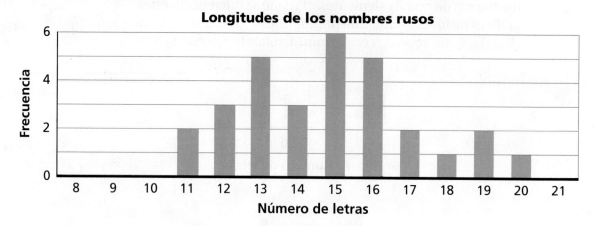

Longitudes de los nombres rusos

Frecuencia / Número de letras

6. ¿Qué valor de la longitud de los nombres ocurre con más frecuencia? ¿Cómo se llama esta estadística sumaria?

7. ¿Cuántos estudiantes rusos hay en este conjunto de datos? Explica cómo obtuviste la respuesta.

8. ¿Cuál es el rango de números de letras en los nombres de los amigos por correspondencia rusos? Explica cómo obtuviste la respuesta.

9. ¿Cuál es la mediana de las longitudes de los nombres? Explica cómo obtuviste la respuesta.

10. La mascota de Alicia es una rata de 1 año. Ella se pregunta si su rata es vieja comparada con otras. En la tienda de mascotas, ella descubre que la edad media de una rata es de 2.5 años.

   a. ¿Qué le indica la mediana a Alicia sobre el promedio de vida de una rata?

   b. ¿Qué otra información le ayudaría a predecir el promedio de vida de su rata?

Datos sobre las ratas

- Las ratas son dulces y amigables. Se encariñan con sus dueños y es divertido jugar con ellas.
- Las ratas son nocturnas. Son más activas por la noche.
- El promedio de vida es de 2.5 años.
- Las ratas pueden ser intolerantes a la lactosa; ¡ten cuidado y no les des queso!
- Los dientes frontales de una rata pueden crecer hasta 5 o 6 pulgadas cada año, pero se desgastan cuando roen.

Haz un diagrama de puntos para un conjunto de datos que coincida con cada descripción.

11. 24 nombres con longitudes que varíen de 8 a 20 letras

12. 7 nombres en los que la mediana de sus longitudes sea de 14 letras

13. 13 nombres en los que el rango de sus longitudes sea de 9 letras y la mediana de 13 letras

14. 16 nombres en los que la mediana de sus longitudes sea de $14\frac{1}{2}$ letras y cuyas longitudes varíen de 11 a 20 letras

Conexiones

15. A continuación hay una gráfica de barras que muestra el número y tipo de mascotas que tienen los estudiantes de una clase de escuela intermedia.

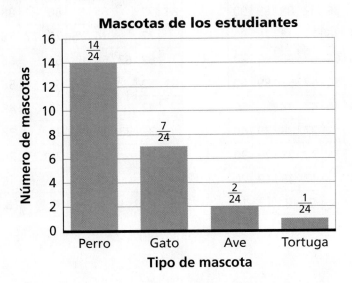

a. La fracción $\frac{14}{24}$ muestra la *frecuencia relativa* de los perros como mascota. ¿Qué te indica el numerador? ¿Qué te indica el denominador?

b. ¿Puedes usar las fracciones de las barras para determinar el número de estudiantes encuestados? Explica por qué.

16. Cada cuadrícula está numerada del 1 al 100. Halla la regla que describe los números blancos.

a.

91	92	93	94	95	96	97	98	99	100
81	82	83	84	85	86	87	88	89	90
71	72	73	74	75	76	77	78	79	80
61	62	63	64	65	66	67	68	69	70
51	52	53	54	55	56	57	58	59	60
41	42	43	44	45	46	47	48	49	50
31	32	33	34	35	36	37	38	39	40
21	22	23	24	25	26	27	28	29	30
11	12	13	14	15	16	17	18	19	20
1	2	3	4	5	6	7	8	9	10

b.

91	92	93	94	95	96	97	98	99	100
81	82	83	84	85	86	87	88	89	90
71	72	73	74	75	76	77	78	79	80
61	62	63	64	65	66	67	68	69	70
51	52	53	54	55	56	57	58	59	60
41	42	43	44	45	46	47	48	49	50
31	32	33	34	35	36	37	38	39	40
21	22	23	24	25	26	27	28	29	30
11	12	13	14	15	16	17	18	19	20
1	2	3	4	5	6	7	8	9	10

c.

91	92	93	94	95	96	97	98	99	100
81	82	83	84	85	86	87	88	89	90
71	72	73	74	75	76	77	78	79	80
61	62	63	64	65	66	67	68	69	70
51	52	53	54	55	56	57	58	59	60
41	42	43	44	45	46	47	48	49	50
31	32	33	34	35	36	37	38	39	40
21	22	23	24	25	26	27	28	29	30
11	12	13	14	15	16	17	18	19	20
1	2	3	4	5	6	7	8	9	10

d.

91	92	93	94	95	96	97	98	99	100
81	82	83	84	85	86	87	88	89	90
71	72	73	74	75	76	77	78	79	80
61	62	63	64	65	66	67	68	69	70
51	52	53	54	55	56	57	58	59	60
41	42	43	44	45	46	47	48	49	50
31	32	33	34	35	36	37	38	39	40
21	22	23	24	25	26	27	28	29	30
11	12	13	14	15	16	17	18	19	20
1	2	3	4	5	6	7	8	9	10

17. Haz una gráfica de coordenadas como la siguiente. En el eje de las *x*, escribe los números del 1 al 30. Haz lo mismo en el eje de las *y*. Para cada número del eje de las *x*, marca sus factores sobre él.

La gráfica siguiente proporciona parte de la respuesta, ya que muestra los factores de los números 1 al 6.

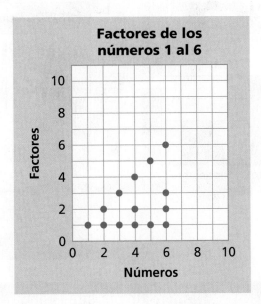

a. ¿Qué números tienen solo dos factores? ¿Qué tienen en común estos factores?

b. ¿Qué números son pares? ¿Cómo puedes usar sus factores para responder a esta pregunta?

c. Haz observaciones sobre los factores de un número.

   i. ¿Cuál es el factor más grande de cualquier número?

   ii. ¿Cuál es el factor más pequeño de cualquier número?

   iii. ¿Cuál es el segundo factor más grande de cualquier número? ¿Cómo se relacionan estos factores con el factor más grande de cualquier número?

   iv. Haz tus propias observaciones sobre los factores de un número.

18. Las gráficas de los incisos (a) a (c) son engañosas. Responde lo siguiente para cada una de ellas.

- ¿Qué información busca proporcionar la gráfica?
- ¿Qué está mal con la forma en que se muestra la información?

a.

b.

c.

19. La gráfica siguiente muestra las estaturas de dos hermanos, Tomás y Tadeo, a través del tiempo.

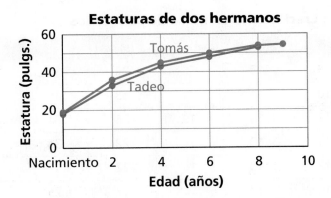

Estaturas de dos hermanos

a. Escribe dos enunciados sobre la estatura de Tomás usando los datos que se muestran en la gráfica.

b. Escribe dos enunciados sobre la estatura de Tadeo usando los datos que se muestran en la gráfica.

c. Escribe dos enunciados que comparen las estaturas de los hermanos usando los datos.

d. Susana escribió el enunciado siguiente. ¿Estás de acuerdo con su razonamiento? Explícalo.

> Susana:
>
> Sé que Tomás es más alto que Tadeo porque la recta que muestra su estatura está por encima de la recta que muestra la estatura de Tadeo. También sé que Tomás está creciendo más deprisa que su hermano Tadeo.

20. La tabla siguiente muestra los datos recopilados sobre algunos cachorros de jerbos y su crecimiento en el transcurso del tiempo.

Crecimiento en masa de seis jerbos

Nombre	Edad en días					
	11	13	18	20	25	27
Pelusa	10	11	11	13	16	19
Patinete	12	14	19	28	31	36
Dormilón	11	13	13	22	34	38
Corredor	12	13	18	22	32	35
Ovillo	10	12	13	17	25	27
Curioso	11	12	12	15	19	22

a. Haz una gráfica que muestre una recta para la masa de cada jerbo en la misma gráfica de coordenadas. Piensa detenidamente sobre cómo vas a rotular y poner la escala del eje de las x (edad en días) y el eje de las y (masa). Rotula cada recta para que indique a qué jerbo representa.

b. Escribe cuatro enunciados que comparen las tasas de crecimiento de los seis jerbos.

c. Supón que alguien te preguntara: "¿Cuánto crecen los jerbos durante su primer mes de vida?" ¿Qué le responderías? Explícalo.

En los Ejercicios 21 a 23, usa las gráficas de barras siguientes. Las gráficas muestran información sobre una clase de estudiantes de escuela intermedia.

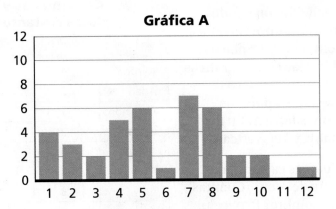

Gráfica A

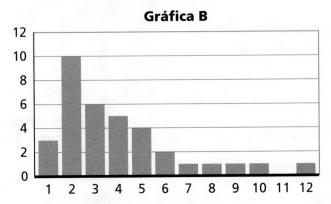

Gráfica B

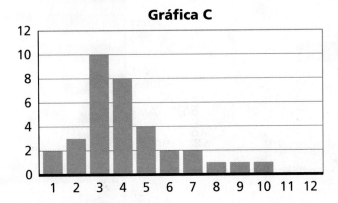

Gráfica C

21. ¿Qué gráfica podría mostrar el número de hijos en las familias de los estudiantes? Explícalo.

22. ¿Qué gráfica podría mostrar los meses de nacimiento de los estudiantes? Explícalo.

Nota: A menudo, los meses se escriben usando números en lugar de nombres. Por ejemplo, el 1 es enero, el 2 es febrero, etcétera.

23. ¿Qué gráfica podría mostrar el número de sabores que a los estudiantes les gusta en sus pizzas? Explícalo.

Ampliaciones

Una tienda de tarjetas de felicitación vende calcomanías y placas con los nombres en ellas. La tienda ordenó 12 calcomanías y 12 placas para cada nombre. La tabla y las cuatro gráficas de barras siguientes muestran el número de calcomanías y de placas restantes para los nombres que empiezan con la letra A. En los Ejercicios 24 a 30, usa la tabla y las gráficas.

24. Usa la Gráfica A. ¿Cuántas calcomanías quedan con el nombre de Alex? ¿Cuántas han vendido con ese nombre? Explícalo.

25. Usa la Gráfica B. ¿Cuántas placas quedan con el nombre de Alex? ¿Cuántas han vendido con ese nombre? Explícalo.

Calcomanías y placas restantes

Nombre	Calcomanías	Placas
Aarón	1	9
Adam	2	7
Alejandro	7	4
Allison	2	3
Amanda	0	11
Ámbar	2	3
Amy	3	3
Andrea	2	4
Andrés	8	6
Andy	3	5
Ángel	8	4
Ava	10	7

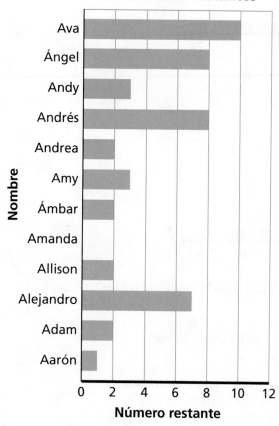

Gráfica A: Calcomanías restantes

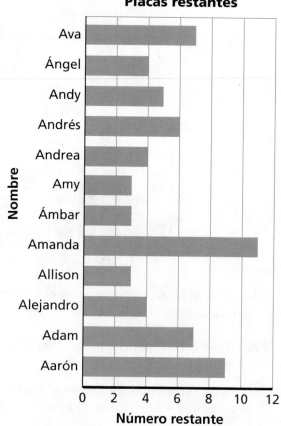

Gráfica B: Placas restantes

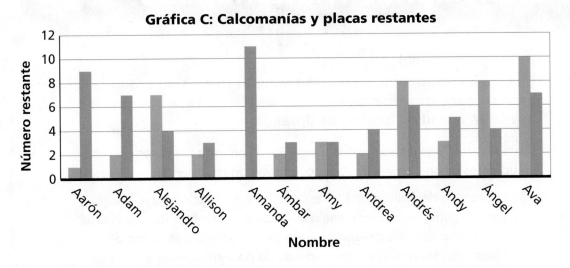

Gráfica C: Calcomanías y placas restantes

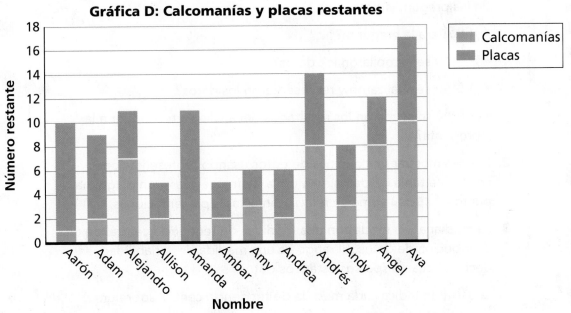

Gráfica D: Calcomanías y placas restantes

Calcomanías
Placas

26. Entre los nombres que empiezan con A, ¿cuáles son más populares: las calcomanías o las placas? Explica tu respuesta.

27. Si cada calcomanía cuesta $1.50, ¿cuánto dinero ha reunido la tienda al vender calcomanías de nombres que comienzan con la letra A?

28. ¿De qué nombre ha vendido la tienda más calcomanías? ¿Y menos?

29. La Gráfica C es una *gráfica de doble barra*. Usa esta gráfica para determinar de qué nombre (o nombres) se vendió la misma cantidad de placas que de calcomanías.

30. La Gráfica D es una *gráfica de barras apiladas*. Usa esta gráfica para determinar si algunos nombres son más populares que otros. Justifica tu respuesta.

En esta Investigación, aprendiste algunas formas de organizar, representar y describir un conjunto de datos. Estas preguntas te ayudarán a resumir lo que has aprendido.

Piensa en tus respuestas a estas preguntas. Comenta tus ideas con otros estudiantes y con tu maestro. Luego, escribe un resumen en tu cuaderno

1. El proceso de realizar una investigación estadística incluye hacer una pregunta, recopilar y analizar datos e interpretar los resultados para responder a la pregunta. Escoge un conjunto de datos de esta Investigación. Usa el conjunto de datos para responder a cada una de las preguntas siguientes.

   - ¿**Cuál** era la pregunta?

   - ¿**Cómo** se recopilaron los datos?

   - ¿**Cómo** se analizaron y representaron los datos?

   - ¿**Cómo** te ayudaron los resultados del análisis a responder a la pregunta?

2. Puedes mostrar un conjunto de datos usando representaciones como una tabla de datos, una tabla de frecuencias y un diagrama de puntos. **Explica** cómo se relacionan estas representaciones.

3. La mediana y la moda son dos medidas de tendencia central de una distribución de datos. El rango es una medida de variabilidad, es decir, de cuán dispersos están los datos.

   a. ¿**Qué** te indica cada medida de tendencia central sobre un conjunto de datos?

   b. ¿Pueden tener el mismo valor la moda y la mediana de un conjunto de datos? ¿Pueden tener valores diferentes? **Explica** tus respuestas.

   c. ¿**De qué** manera te indica el rango cuánto varían los datos?

   d. Supón que agregamos un nuevo valor a un conjunto de datos. ¿Afecta este nuevo valor a la moda? ¿Y a la media? ¿Y al rango? **Explícalo**.

4. ¿**Qué** estrategias puedes usar para hacer comparaciones entre los conjuntos de datos?

Estándares comunes de prácticas matemáticas

Al trabajar en los problemas de esta Investigación, usaste conocimientos previos para encontrarles sentido. También aplicaste prácticas matemáticas para resolverlos. Piensa en el trabajo que hiciste, las maneras en que pensaste acerca de los problemas y cómo usaste las prácticas matemáticas.

Nick describió sus reflexiones de la siguiente manera:

En el Problema 1.1, usamos tablas y diagramas de puntos para mostrar los distintos conjuntos de datos de las longitudes de los nombres. Hablamos sobre por qué llamaríamos a cada uno de estos conjuntos de datos una "distribución".

Ver cómo los datos se distribuyeron por las longitudes de los nombres, y luego observar cosas como los grupos, las brechas y la forma en general nos dio una idea de las longitudes típicas de los nombres en cada grupo de estudiantes.

Cuando usamos las gráficas, nos aseguramos de tener la misma escala en cada gráfica. Eso hizo que fuera más fácil comparar las longitudes de los nombres de los estudiantes de distintos países.

· ·

Estándares estatales comunes para prácticas matemáticas (PM)

PM4 Representar con modelos matemáticos.

- ¿Qué otras prácticas matemáticas puedes identificar en el razonamiento de Nick?

- Describe una práctica matemática que tus compañeros de clase y tú usaron para resolver un problema diferente de esta Investigación.

¿Quién vive en tu hogar? Usar la media

Cada 10 años se realiza el Censo de los Estados Unidos. Entre otras estadísticas, el censo proporciona información útil sobre el tamaño de los hogares. El censo usa el término *hogar* para indicar todas las personas que viven en una "unidad de vivienda" (como una casa, un departamento o una casa móvil).

Cuando se trabaja con un conjunto de números, a menudo se calcula una única estadística para representar el valor "típico" con el que se describe la tendencia central de una distribución. En la Investigación 1, usaste la mediana y la moda. Otra *medida de tendencia central* es la **media.** Es la medida de tendencia central que más se usa para los datos numéricos. A la media de un conjunto de datos a menudo se le llama el *promedio*.

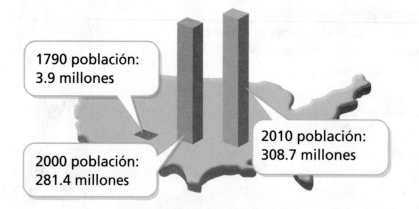

1790 población: 3.9 millones

2000 población: 281.4 millones

2010 población: 308.7 millones

....

Estándares estatales comunes

6.SP.A.3 Reconocer que una medida de tendencia central de un conjunto de datos numéricos resume todos sus valores en un único número . . .

6.SP.B.5b Resumir conjuntos de datos numéricos en relación con su contexto, como al describir la naturaleza del atributo que se investiga, incluyendo cómo se midió y sus unidades de medida.

6.SP.B.5d Resumir conjuntos de datos numéricos en relación con su contexto, como al relacionar la elección de medidas de tendencia central . . . con la forma de la distribución de los datos y el contexto en el que se recopilaron los datos.

También 6.NS.C.6, 6.NS.C.7, 6.SP.A.1, 6.SP.A.2, 6.SP.B.4, 6.SP.B.5a, 6.SP.B.5c

2.1 ¿Cuál es el tamaño medio de un hogar?

Seis estudiantes de una clase de escuela intermedia usan los lineamientos del Censo de los Estados Unidos para hallar el número de personas que viven en sus hogares. Cada estudiante apila cubos para mostrar el número de personas de su hogar. Las pilas muestran que los seis hogares tienen tamaños diferentes.

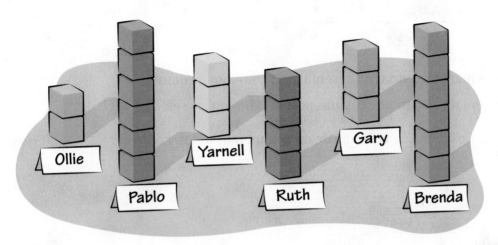

- ¿Cuál es el atributo que se investiga?
- ¿Cómo usarías las pilas de cubos para hallar la mediana de los datos? ¿Y la moda?

Una manera de hallar la *media*, o promedio, del tamaño de los hogares es mover los cubos para que todas las pilas tengan la misma altura. Las pilas niveladas te indican cuántas personas habría por hogar si todos los hogares tuvieran el mismo tamaño.

- ¿Cómo usarías las pilas de cubos para hallar la media del tamaño de los hogares de estos seis estudiantes?

También puedes usar una tabla para mostrar los datos.

Tamaño de los hogares, Tabla 1

Nombre	Número de personas
Ollie	2
Yarnell	3
Gary	3
Ruth	4
Pablo	6
Brenda	6

- ¿De qué otra manera podrías representar este conjunto de datos?

- ¿Qué representación te indica cuántas personas hay en los seis hogares?

En este Problema, examinarás la media de un conjunto de datos y cómo se calcula.

Problema 2.1

Ⓐ Puedes usar una **gráfica de barras de valores ordenados** para hallar la media de un conjunto de datos. A continuación se muestran una gráfica de barras de valores ordenados y un diagrama de puntos. Ambos muestran el número de personas que hay en los seis hogares de la Tabla 1. Ya hallaste la media, cuatro personas, cuando nivelaste las pilas de cubos.

Tamaño de los hogares 1

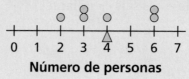

1. Explica cómo se relacionan la gráfica de barras de valores ordenados y el diagrama de puntos.

Problema 2.1 continuación

2. Brenda usó la gráfica de barras de valores ordenados de la derecha para identificar la media. Se muestran sus primeros pasos. Haz una copia de la gráfica y completa los pasos de Brenda.

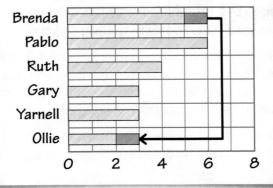

3. Ollie dice que, después de nivelar las barras, la gráfica indica que cada uno de los seis hogares tiene cuatro personas. ¿Cómo podrías haber predicho la media? Explícalo.

B Otro grupo de estudiantes hizo la tabla siguiente para un conjunto diferente de datos.

1. Haz una gráfica de barras de valores ordenados y un diagrama de puntos para mostrar los datos.

2. Halla la media del conjunto de datos. Explica cómo la hallaste.

3. ¿Cómo se relaciona la media de este conjunto de datos con la media de los datos de la Pregunta A?

4. ¿Cómo te ayuda identificar la media de una gráfica de barras de valores ordenados a hallar la media en un diagrama de puntos? Explícalo.

Tamaño de los hogares, Tabla 2	
Nombre	Número de personas
Reggie	6
Tere	4
Brendan	3
Felix	4
Héctor	3
Tonisha	4

5. ¿Te ayuda conocer la media a responder a la pregunta: "¿Cuál es el tamaño típico de un hogar?". Explícalo.

ACA La tarea comienza en la página 48.

2.2 Comparar distribuciones con la misma media

En el Problema 2.1, representaste datos usando diagramas de puntos. Otra forma de representar datos es usando una balanza.

El dibujo siguiente muestra la frecuencia de los datos de Tamaños de los hogares, Tabla 1. Cuando el fulcro se localiza en la media de la distribución, la regla está en equilibrio, como se ve en la regla morada. La distribución de Tamaños de los hogares, Tabla 1, se equilibra alrededor de 4.

Observa que la regla verde se inclina hacia la izquierda. Cuando el fulcro no se localiza en la media de la distribución, la regla no está en equilibrio.

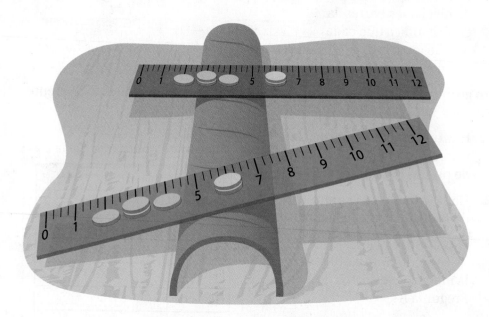

- ¿De qué manera te ayuda el dibujo a explicar por qué a la media se le llama a menudo el *punto de equilibrio* de una distribución?

- ¿Qué información necesitas para calcular la media de un conjunto de datos?

Problema 2.2

A La Tabla 1 y la Tabla 2 de Tamaños de los hogares del Problema 2.1 muestran cada una seis hogares con una media de cuatro personas.

1. Inventa un conjunto de datos diferentes de seis hogares que tenga una media de cuatro personas por hogar.

2. Haz una gráfica de barras de valores ordenados y un diagrama de puntos para representar tu conjunto de datos.

3. Describe cómo usar tu gráfica de barras para verificar que la media es cuatro personas.

4. Explica cómo hallarías lo siguiente en tus gráficas:

   a. el tamaño del hogar de cada persona

   b. el número total de hogares

   c. el número total de personas en la combinación de los hogares

   d. ¿Cómo usarías la información de los incisos (a) a (c) para hallar la media?

B Un grupo de siete estudiantes tiene una media de tres personas por hogar.

1. Inventa un conjunto de datos que coincida con esta descripción.

2. Haz una gráfica de barras de valores ordenados y un diagrama de puntos para representar tu conjunto de datos.

3. Describe cómo usar tu gráfica de barras para verificar que la media es tres personas.

4. Supón que hallaste otro conjunto de datos con siete hogares y una media de tres personas por hogar, pero con un rango mayor. ¿Cómo cambiaría esto la apariencia de tu diagrama de puntos?

5. Explica cómo hallarías lo siguiente en tus gráficas:

   a. el tamaño del hogar de cada persona

   b. el número total de hogares

   c. el número total de personas en la combinación de los hogares

   d. ¿Cómo usarías la información de los incisos (a) a (c) para hallar la media?

continúa en la página siguiente >

Problema **2.2** *continuación*

C Un grupo de seis estudiantes tiene una media de $3\frac{1}{2}$ personas.

   1. Inventa un conjunto de datos que coincida con esta descripción.

   2. Haz una gráfica de barras de valores ordenados y un diagrama de puntos para representar tu conjunto de datos.

   3. ¿Cómo puede ser la media $3\frac{1}{2}$ personas si no puede haber "media" persona?

D El diagrama de puntos siguiente muestra los tamaños de los hogares de un grupo de ocho estudiantes.

Tamaño de los hogares 3

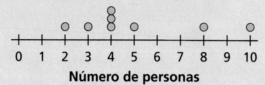

Número de personas

   1. Identifica la mediana, la moda y el rango de la distribución.

   2. Piensa en ver la distribución sobre una balanza. Haz una estimación o una suposición sobre dónde se localiza la media.

   3. Identifica la media de la distribución. ¿Cómo se relaciona esta con tu estimación o suposición? Explícalo.

   4. a. Compara las tres medidas de tendencia central: media, mediana y moda. ¿En qué se parecen o se diferencian? Explícalo.

   b. ¿Es posible que las tres medidas de tendencia central de una distribución sean iguales? ¿Y que las tres sean diferentes? Explícalo.

   c. ¿Qué medida escogerías para describir el tamaño típico de los ocho hogares? Explícalo.

E Vuelve a mirar el trabajo que hiciste en las Preguntas A a D y en el Problema 2.1. Describe un método para calcular la media en cualquier situación.

ACA La tarea comienza en la página 48.

2.3 Tomar decisiones
¿Media o mediana?

Mientras recopilas los datos sobre el estudiante típico de escuela intermedia, quizá te preguntes qué intereses tienen los estudiantes. En el Problema 2.3, usarás los datos sobre los precios de las patinetas para investigar cuándo usar la media o la mediana para describir lo que es "típico".

Problema 2.3

La tabla siguiente muestra los precios de patinetas en cuatro tiendas diferentes.

Venta al por menor Tabla 1: Precios de las patinetas (dólares)

Tienda A	Tienda B	Tienda C	Tienda D
60	13	40	179
40	40	20	160
13	45	60	149
45	60	35	149
20	50	50	149
30	30	30	145
35	15	13	149
60	35	45	100
50	15	40	179
70	70	50	145
50	50	60	149
50	70	70	149
60	50	70	149
50	10	50	149
35	120	90	145
15	90	120	150
70	120	120	149
120		200	149

continúa en la página siguiente >

Problema 2.3 continuación

A Los diagramas de puntos muestran los datos de las Tiendas B y C.

Precios de las patinetas

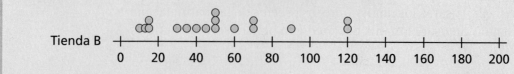

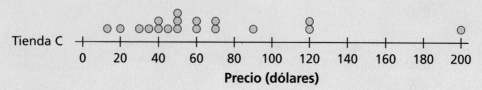

Precio (dólares)

1. Calcula la mediana y la media de los datos de las dos tiendas.

2. Para cada tienda,

    • Describe cómo se relacionan las medidas de tendencia central y los diagramas de puntos.

    • Describe cómo influye la distribución de los datos en la ubicación de la media y la mediana.

B Usa la información de Venta al por menor, Tabla 1.

1. Haz un diagrama de puntos que muestre los datos de la Tienda A.

2. Calcula la media y la mediana de los precios de la Tienda A.

3. La Tienda A decide tener en existencia algunas patinetas más caras. Usando un color diferente, incluye estos valores de uno en uno en tu diagrama de puntos. Después de que hayas incluido cada valor, halla la nueva media y la nueva mediana de los datos. Haz una copia de la tabla siguiente y complétala.

Nuevas patinetas de la Tienda A

Precio de las nuevas existencias	Media nueva	Mediana nueva
$200	■	■
$180	■	■
$180	■	■
$160	■	■
$170	■	■
$140	■	■

Problema 2.3 *continuación*

4. Supón que el precio de la última patineta fuera $200 y no $140. ¿Qué le ocurriría a la media? ¿Y a la mediana?

5. ¿Cuándo influyen los valores adicionales en la media de la distribución? ¿Y en la mediana?

6. ¿Qué medida de tendencia central usarías para responder a la pregunta: "¿Cuál es el precio típico de las patinetas en la Tienda A cuando se incluyen todas las patinetas de precios más altos?"? Explica tu razonamiento.

C Cada diagrama de puntos siguiente muestra los datos combinados de dos tiendas de Venta al por menor, Tabla 1. Para un conjunto de datos combinados, la media es $107.11 y la mediana es $132.50. Para el otro conjunto de datos combinados, la media es $50.17 y la mediana es $50.00.

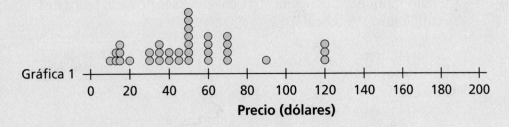

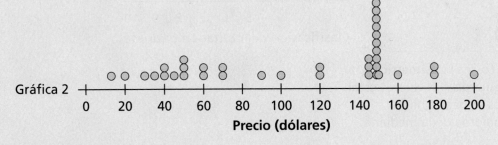

1. Escribe un título completo para cada diagrama de puntos al identificar los dos conjuntos de datos que muestran. Por ejemplo, *Gráfica 1: Precios de las patinetas de las tiendas ? y ? .* Explica tu razonamiento.

2. En una gráfica, la media y la mediana son casi las mismas. Para la otra, la media y la mediana son diferentes. Explica cómo influye la distribución de los datos en la ubicación de la media o de la mediana.

D En un blog, el Dr. Estadística dice que "la mediana es una medida de tendencia central resistente y la media no es una medida de tendencia central resistente". Explica el significado de este enunciado usando tus resultados de las Preguntas A a C.

continúa en la página siguiente >

Problema 2.3 *continuación*

E La forma de una distribución puede ayudarte a ver las tendencias de los datos. La forma es **simétrica** si los datos se dispersan de manera uniforme alrededor de un valor de tendencia central. La forma es **asimétrica** a la derecha o a la izquierda si los puntos se agrupan en un extremo de la gráfica.

A tres grupos de estudiantes de escuela intermedia les hicieron la pregunta siguiente: "Usando una escala del 1 al 10 (siendo 10 el mejor), ¿cómo clasificarías el montar en patineta como un deporte?". Los diagramas de puntos siguientes muestran las respuestas.

1. Halla la media y la mediana marcadas en cada diagrama de puntos. Describe cómo las medidas están influenciadas, o no, por la forma de la distribución.

2. Describe qué consideran los estudiantes de cada grupo respecto a montar en patineta. ¿Qué medida de tendencia central usarías para responder a la pregunta: "¿Cuál es la clasificación típica de los estudiantes?"? Explícalo.

| △ Media |
| ⊥ Mediana |

Los valores son **simétricos** respecto a la media.

Clasificación de montar en patineta

La forma es **asimétrica a la izquierda**. Los valores están más dispersos hacia la izquierda de la mediana.

Clasificación de montar en patineta

La forma es **asimétrica a la derecha**. Los valores están más dispersos hacia la derecha de la mediana.

Clasificación de montar en patineta

ACA La tarea comienza en la página 48.

2.4 ¿Quién más vive en tu hogar?
Datos numéricos y por categorías

Las respuestas a algunas preguntas estadísticas son palabras o categorías. Por ejemplo, "¿Cuál es tu deporte favorito?" tiene respuestas que son palabras. Otras preguntas tienen respuestas que son números. Por ejemplo, "¿Cuánto mides en pulgadas?" tiene repuestas que son números.

Los **datos por categorías** se pueden agrupar en categorías, como "deporte favorito". Por lo general, no son números. Supón que preguntaras a las personas cómo llegan a la escuela o qué tipos de mascota tienen. Sus respuestas serían datos por categorías.

Los **datos numéricos** son conteos o medidas. Supón que preguntaras a las personas cuánto miden o cuántas mascotas tienen. Sus respuestas serían datos numéricos.

- ¿Cuáles de las preguntas siguientes tienen palabras o categorías como respuestas? ¿Cuáles tienen números como respuestas?

Una clase de escuela intermedia recopiló datos sobre sus mascotas contando las respuestas de los estudiantes a estas preguntas:

- ¿Cuántas mascotas tienes?
- ¿Cuál es tu tipo de mascota favorito?

Los estudiantes hicieron tablas para mostrar los conteos o frecuencias. Luego hicieron gráficas de barras para mostrar las distribuciones de los datos.

Número de mascotas

Número	0	1	2	3	4	5	6	7	8	9	10	11	12	13	14	15	16	17	18	19	20	21
Frecuencia	2	2	5	4	1	2	3	0	1	1	0	0	1	0	1	0	0	1	0	1	0	1

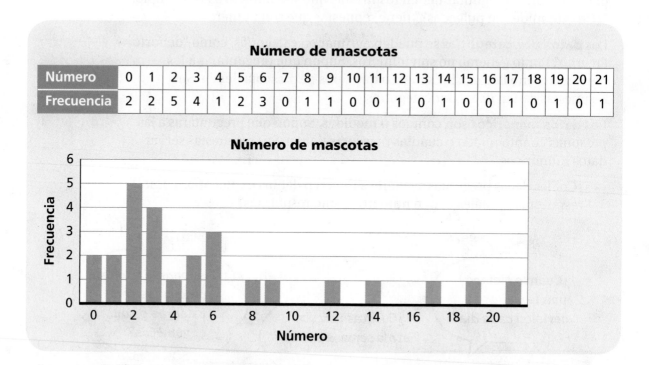

Mascota favorita

Mascota	Frecuencia
gato	4
perro	7
pez	2
ave	2
caballo	3
cabra	1
vaca	2
conejo	3
pato	1
cerdo	1

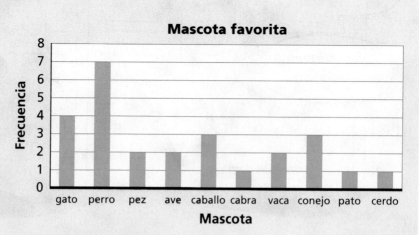

Problema 2.4

Decide si las Preguntas A a E se pueden responder usando los datos de las gráficas y las tablas. Si es así, da la respuesta y explica cómo la obtuviste. Si no es así, explica por qué no.

A ¿Qué gráfica muestra datos por categorías? ¿Y datos numéricos?

B **1.** ¿Cuál es el número total de mascotas que tienen los estudiantes?

   2. ¿Cuál es el máximo número de mascotas que tiene un estudiante?

C **1.** ¿Cuántos estudiantes hay en la clase?

   2. ¿Cuántos estudiantes escogieron un gato como su mascota favorita?

   3. ¿Cuántos gatos tienen los estudiantes como mascotas?

D **1.** ¿Cuál es la moda del tipo favorito de mascota? ¿Y la media?

   2. ¿Cuál es la mediana del número de mascotas que tienen los estudiantes? ¿Y el rango?

E **1.** Tomás es un estudiante de esta clase. ¿Cuántas mascotas tiene?

   2. ¿Tienen las niñas de la clase más mascotas que los niños?

F Usando la distribución de los datos, ¿cómo describirías el número de mascotas que tiene la clase? ¿Cuál dirías que es el tipo favorito de mascota? Usa medidas de tendencia central y otras herramientas como ayuda para describir los resultados de la encuesta.

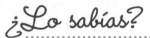 La tarea comienza en la página 48.

¿Lo sabías?

A los peces dorados se les puede entrenar. Con entrenamiento, un pez dorado puede aprender a nadar por aros y túneles, empujar una pelota diminuta en una red y presionar una palanca para recibir comida.

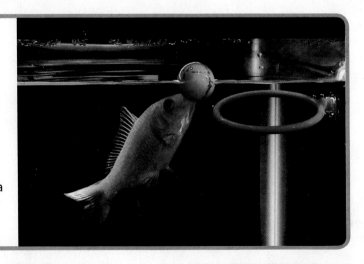

Aplicaciones

En los Ejercicios 1 a 3, usa el diagrama de puntos siguiente.

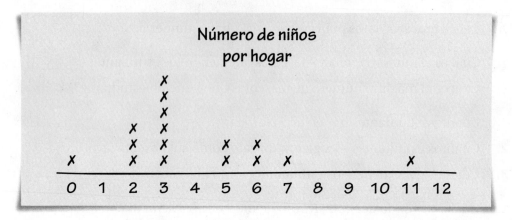

1. **a.** ¿Cuál es la mediana del número de niños de los 16 hogares? Explica cómo hallar la mediana. ¿Qué te indica la mediana?

   b. ¿En alguno de los 16 hogares coincide la mediana con el número de niños? Explica por qué es esto posible.

2. **a.** ¿Cuál es la media del número de niños por hogar para los 16 hogares? Explica cómo hallar la media. ¿Qué te indica la media?

   b. ¿En alguno de los 16 hogares coincide la media con el número de niños? Explica por qué es esto posible.

3. Usa la media o la mediana para responder a esta pregunta: "¿Cuál es el tamaño típico de hogar según los datos?". Explica tu razonamiento.

En los Ejercicios 4 a 7, la media de las personas por hogar en ocho hogares es de seis personas.

4. **Opción múltiple** ¿Cuál es el número total de personas de los ocho hogares?

   A. 16   **B.** 64   **C.** 14   **D.** 48

5. Haz un diagrama de puntos que muestre una ordenación posible de los números de personas de los ocho hogares.

6. Haz un diagrama de puntos que muestre una ordenación diferente de los números de personas de los ocho hogares.

7. ¿Son las medianas las mismas para las dos distribuciones que hiciste? ¿Es posible tener dos distribuciones que tengan las mismas medias, pero no las mismas medianas? Explica tu razonamiento.

8. Un grupo de nueve hogares tiene una media de $3\frac{1}{3}$ personas por hogar. Haz un diagrama de puntos que muestre un conjunto de datos que coincida con esta descripción.

9. Un grupo de nueve hogares tiene una media de cinco personas por hogar. El hogar más grande del grupo tiene diez personas. Haz un diagrama de puntos que muestre un conjunto de datos que coincida con esta descripción.

En los Ejercicios 10 a 16, indica si las respuestas a la pregunta son datos numéricos o por categoría.

10. ¿Cuál es tu estatura en centímetros?

11. ¿Cuál es tu grupo musical favorito?

12. ¿En qué mes naciste?

13. ¿Qué te gustaría hacer cuando te gradúes de la escuela secundaria?

14. Usa tu pie como unidad de medida. ¿Cuántos "pies" tuyos mides de alto?

15. ¿Qué tipo(s) de transporte usas para ir a la escuela?

16. En promedio, ¿cuánto tiempo pasas haciendo la tarea cada día?

Conexiones

17. Durante la hora de estudio que guía el señor Wilson, los estudiantes dedicaron las cantidades de tiempo siguientes a hacer su tarea:

$\frac{3}{4}$ de hora $\frac{1}{2}$ hora $1\frac{1}{4}$ horas $\frac{3}{4}$ de hora $\frac{1}{2}$ hora

a. ¿Cuál es la media de los tiempos que los estudiantes del señor Wilson dedicaron a hacer su tarea?

b. Opción múltiple ¿Cuál es la mediana de los tiempos que los estudiantes pasaron haciendo tarea?

F. $\frac{1}{2}$ hora   **G.** $\frac{3}{4}$ de hora

H. 1 hora   **J.** $1\frac{1}{4}$ horas

18. Una liga de futbol quiere hallar el promedio de agua que sus jugadores beben por partido. Hay 18 jugadores en un equipo. Durante un partido, los dos equipos bebieron un total de 1,152 onzas de agua.

a. ¿Cuánta agua bebió cada jugador por partido si cada uno bebió la misma cantidad de agua?

b. ¿Representa este valor la media o la mediana? Explícalo.

19. Sabrina, Diego y Marcos entraron a un maratón de baile que duró desde las 9 A.M. hasta las 7 P.M. Las horas que bailó cada estudiante se muestran a la derecha.

a. Escribe en forma de número mixto el número de horas que cada estudiante pasó bailando.

b. Mira los datos del inciso (a). Sin hacer cálculos, ¿crees que la media del tiempo dedicado a bailar es igual a, menor que o mayor que la mediana? Explícalo.

Maratón de baile
HORARIOS

ESTUDIANTE	TIEMPO
Sabrina	De 9:15 A.M. a 1:00 P.M.
Diego	De 1:00 A.M. a 4:45 P.M.
Marcos	De 4:45 A.M. a 7:00 P.M.

20. La mascota de Jon es un conejo de cinco años. Se pregunta si su conejo es viejo en comparación con otros conejos. En la tienda de mascotas, averigua que el promedio de vida de un conejo es de 7 años.

    a. ¿Qué le indica la media a Jon del promedio de vida de un conejo?

    b. ¿Qué información adicional ayudaría a Jon a predecir el promedio de vida de su conejo?

21. Una tienda vende nueve marcas diferentes de barras de granola. ¿Cuáles son los precios posibles para cada una de las nueve marcas de barras de granola si el precio medio es $1.33? Explica cómo determinaste los valores de cada una de las nueve marcas. Puedes usar dibujos como ayuda.

En los Ejercicios 22 a 25, una encuesta reciente a 25 estudiantes de una clase de escuela intermedia produjo los datos de la tabla siguiente.

Media de los tiempos que los estudiantes de una clase dedicaron a actividades de entretenimiento

Actividad	Tiempo (minutos por día)
Ver videos	39
Escuchar música	44
Usar la computadora	21

22. ¿Vio cada estudiante videos por 39 minutos por día? Explícalo.

23. Jill decide redondear 39 minutos a 40 minutos. Luego, estima que los estudiantes dedican aproximadamente $\frac{2}{3}$ de hora viendo videos. ¿Qué porcentaje de una hora es $\frac{2}{3}$?

24. Estima qué parte de una hora dedican los estudiantes a escuchar música. Escribe tu respuesta como fracción y como número decimal.

25. Los estudiantes dedican aproximadamente 20 minutos por día a usar la computadora. ¿Cuántas horas dedican a la computadora en 1 semana (7 días)? Escribe tu respuesta como fracción y como número decimal.

26. Tres candidatos se presentan para las elecciones a alcalde de Slugville. Cada uno ha determinado el ingreso típico de los residentes del pueblo y usan esa información para sus frases de campaña.

Algunos de los candidatos se confunden con el "promedio". Slugville tiene solo 16 residentes. Sus ingresos semanales son $0, $0, $0, $0, $0, $0, $0, $0, $200, $200, $200, $200, $200, $200, $200 y $30,600.

a. Explica qué medida de tendencia central usó cada candidato como un ingreso "promedio" del pueblo. Comprueba sus cálculos.

b. ¿Alguien en Slugville tiene el ingreso medio? Explícalo.

c. ¿Alguien en Slugville tiene un ingreso que sea igual a la mediana? Explícalo.

d. ¿Alguien en Slugville tiene un ingreso que sea igual a la moda? Explícalo.

e. Cuando decides usar una medida de tendencia central (moda, mediana o media) debes escoger qué medida es la que más te ayuda a contar la historia de los datos. ¿Cuál crees que es el ingreso típico de un residente de Slugville? Explica por qué escogiste esa medida.

f. Supón que se mudan a Slugville cuatro personas más. Cada una tiene un ingreso semanal de $200. ¿Cómo cambiarían la media, la mediana y la moda?

27. Una encuesta reciente preguntó a 25 estudiantes de escuela intermedia cuántas películas veían en un mes. La tabla y el diagrama de puntos siguientes muestran los datos.

Películas vistas en un mes

Estudiante	Número	Estudiante	Número	Estudiante	Número
Wes	2	Susan	4	Julian	2
Tomi	15	Gil	3	Alana	4
Ling	13	Enrique	2	Tyrone	1
Su Chin	1	Lonnie	3	Rebecca	4
Michael	9	Ken	10	Anton	11
Mara	30	Kristina	15	Jun	8
Alan	20	Mario	12	Raymond	8
Jo	1	Henry	5	Anjelica	17
Tanisha	25				

Películas vistas en un mes

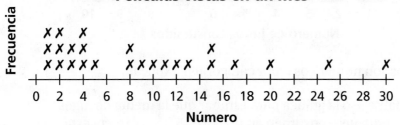

a. Identifica una sección del diagrama de puntos en la que la mitad de los valores estén agrupados y una sección diferente en la que un cuarto de los datos esté agrupado.

b. ¿Cuál es el rango de los datos? Explica cómo lo hallaste.

c. Halla la media del número de películas que vieron los estudiantes. Explícalo.

d. ¿Qué te indican el rango y la media sobre el número típico de películas que vio este grupo de estudiantes?

e. Halla la mediana del número de películas vistas. ¿Son iguales la media y la mediana? ¿Por qué crees que es así?

En los Ejercicios 28 a 32, usa la gráfica siguiente. La gráfica muestra el número de jugos que consumieron 100 estudiantes de escuela intermedia en un día.

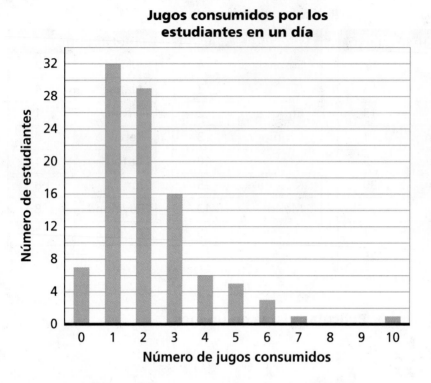

Jugos consumidos por los estudiantes en un día

28. ¿Los datos son numéricos o por categorías? Explícalo.

29. Un estudiante usó la gráfica para estimar que la media de jugos que los estudiantes consumen en un día es 5. ¿Es correcta esta estimación? Explica tu respuesta.

30. Otro estudiante estima que la mediana de los jugos es 1. ¿Es correcta esta estimación? Explica tu respuesta.

31. ¿Cuál es el número total de jugos que estos 100 estudiantes consumen en un día? ¿Cómo determinaste tu respuesta?

32. Supón que la encuesta hubiera preguntado: "¿Qué jugos te gustan?".

  a. Haz una lista de tres respuestas posibles.

  b. ¿Los datos son numéricos o por categorías? Explícalo.

  c. Describe cómo hacer una gráfica de barras que muestre la distribución de los datos recopilados para responder a esta pregunta. ¿Cómo rotularías el eje horizontal? ¿Y el eje vertical? ¿Cómo titularías la gráfica? ¿Qué mostraría cada barra de la gráfica?

Ampliaciones

En los Ejercicios 33 y 34, usa los titulares del periódico.

33. ¿Crees que cada titular se refiere a una media, una mediana u otra cosa? Explícalo.

34. ¿Aproximadamente cuántas horas al día pasa viendo la televisión o usando Internet un estudiante típico de sexto grado si pasa 1,170 horas viendo una pantalla al año?

En los Ejercicios 35 a 37, usa la tabla de la derecha.

35. Haz una gráfica de barras para mostrar los datos. Piensa en cómo establecerías y rotularías los ejes horizontal y vertical con las escalas correctas.

36. Usa la información de tu gráfica para escribir un párrafo sobre las mascotas que tienen estos estudiantes. ¿Cómo se relacionan estos resultados con los resultados de los datos de la clase del Problema 2.4?

37. Estima a cuántos estudiantes se encuestaron. Explica tu razonamiento.

Tipos de mascotas que tienen los estudiantes

Mascota	Frecuencia
ave	61
gato	184
perro	180
pez	303
jerbo	17
conejillo de Indias	12
hámster	32
caballo	28
conejo	2
serpiente	9
tortuga	13
Total	**841**

En esta Investigación, exploraste una medida de tendencia central llamada media. Es importante entender cómo se relacionan la media, o promedio, con la moda y la mediana. Estas preguntas te ayudarán a resumir lo que has aprendido.

Piensa en tus respuestas a estas preguntas. Comenta tus ideas con otros estudiantes y con tu maestro. Luego, escribe un resumen en tu cuaderno.

1. **Describe** un método para calcular la media de un conjunto de datos. Explica por qué funciona tu método.

2. Has usado tres medidas de tendencia central (moda, mediana y media) para describir distribuciones.

    a. **¿Por qué** crees que se llaman "medidas de tendencia central"?

    b. **¿Qué** te indica cada una sobre un conjunto de datos?

    c. **¿Cómo** decides qué medida de tendencia central usar cuando describes una distribución?

    d. **¿Por qué** incluirías el rango y una medida de tendencia central cuando presentes un resumen estadístico?

3. a. Un estudiante dice que solo puedes usar la moda para describir datos por categorías, pero sí puedes usar la moda, la mediana y la media para describir datos numéricos. ¿Tiene razón el estudiante? Explícalo.

    b. ¿Puedes hallar el rango de datos categóricos? Explícalo.

Proyecto de la unidad

Piensa en la encuesta que desarrollarás para recopilar información sobre estudiantes de escuela intermedia.

 ¿Cómo te pueden ayudar las nuevas ideas que has aprendido en esta Investigación cuando diseñes un análisis estadístico?

Estándares comunes de prácticas matemáticas

Al trabajar en los problemas de esta Investigación, usaste conocimientos previos para encontrarles sentido. También aplicaste prácticas matemáticas para resolverlos. Piensa en el trabajo que hiciste, las maneras en que pensaste acerca de los problemas y cómo usaste las prácticas matemáticas.

Sofía describió sus reflexiones de la siguiente manera:

Si un conjunto de siete números tiene una media de 11, entonces la suma de los números será igual a 77, pase lo que pase.

Por ejemplo, el conjunto de números 5, 9, 9, 9, 12, 15 y 18 tiene una media de 11 y una suma de 77. Otro conjunto de números, 4, 5, 6, 10, 10, 11 y 31, tiene una media de 11. La suma de este conjunto de números también es 77.

Puedo reemplazar cada uno de los siete números originales con el número 11, como cuando se nivelan las pilas de cubos. Y cuando sumo 11 siete veces, la suma es 77.

Estándares estatales comunes para prácticas matemáticas (PM)

PM7 Buscar y utilizar la estructura.

 • ¿Qué otras prácticas matemáticas puedes identificar en el razonamiento de Sofía?

• Describe una práctica matemática que tus compañeros de clase y tú usaron para resolver un problema diferente de esta Investigación.

¿Cuál es tu… favorito? Medir la variabilidad

Una investigación estadística comienza haciendo una pregunta. Las decisiones sobre qué datos recopilar se basan en esa pregunta.

Cuando las personas recopilan respuestas a una pregunta, los datos pueden ser parecidos, como el número de pasitas que hay en 30 cajas de media onza de pasitas. Sin embargo, con más frecuencia los datos varían, como el pulso de 30 personas después de haber subido a una montaña rusa.

Cuando quieres saber algo sobre una persona, puedes hacer una pregunta que diga "¿Cuál es tu . . . favorito?". Por ejemplo, podrías preguntarle cuál es su cereal favorito.

ARITOS DE TRIGO
tamaño de la porción
$\frac{3}{4}$ de taza o 28 gramos

Nubes de miel
tamaño de la porción
1 taza o 30 gramos

HOJUELAS de pasitas
tamaño de la porción
$1\frac{1}{4}$ tazas o 33 gramos

Crujientes de fruta
tamaño de la porción
$\frac{3}{4}$ de taza o 30 gramos

....

Estándares estatales comunes

6.SP.A.1 Reconocer una pregunta estadística como la que anticipa la variabilidad de los datos relacionados con la pregunta y que es responsable de sus respuestas.

6.SP.A.3 Reconocer que una medida de tendencia central de un conjunto de datos numéricos resume todos sus valores en un único número, mientras que una medida de la variación describe con un único número cómo varían sus valores.

También 6.RP.A.3, 6.RP.A.3a, 6.NS.C.6, 6.NS.C.7, 6.SP.A.2, 6.SP.B.4, 6.SP.B.5c, 6.SP.B.5d

La gráfica siguiente muestra los resultados de una encuesta en línea a 4,500 personas. Cada persona contestó la encuesta una sola vez.

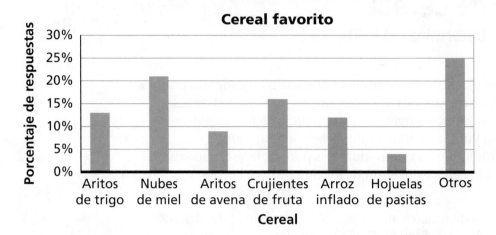

Cereal favorito

* ¿Qué sabes sobre las preferencias de los cereales a partir de esta encuesta?

Puedes investigar otra información relacionada con los cereales. Por ejemplo, un informe reciente dice que los niños "se exceden" en sus cereales, lo que significa que se sirven porciones que son más grandes de lo que debería ser el tamaño de la porción. Esto es un problema porque muchos cereales tienen un alto contenido en azúcar.

* ¿Crees que los niños se exceden en la misma cantidad con todos los cereales? Explícalo.

Entender y explicar la variabilidad de los datos es esencial para resolver problemas estadísticos. La **variabilidad** en un dato numérico indica cuán dispersa está una distribución de datos. Una manera de comparar las distribuciones de los datos es describir qué conjunto de datos es *más variable* (está disperso) o *menos variable* (está agrupado). En esta Investigación, aprenderás otras maneras de describir cómo varían los datos.

3.1 Estimar el tamaño de las porciones de cereal

Determinar el REC

Doce estudiantes de escuela intermedia decidieron investigar si podían servir porciones de cereal que coincidieran con los tamaños de las porciones de la etiqueta. Escogieron dos cereales diferentes para su experimento, cada uno con un tamaño de porción diferente en la etiqueta. Los estudiantes sirvieron todas sus porciones estimadas antes de comprobar qué tan cerca estuvieron de los tamaños de las porciones de las etiquetas.

Cada estudiante sirvió un tamaño de porción estimado ($\frac{3}{4}$ de taza o 28 gramos) del cereal Aritos de trigo. Copia y completa la tabla siguiente.

Aritos de trigo

Gramos servidos	52	29	32	59	43	24	28	23	20	30	37	27
Tamaño de la porción	1.86	1.04	1.14	■	■	0.86	■	0.82	0.71	1.07	■	0.96

- ¿Cómo podrías calcular los valores de la fila del tamaño de las porciones?

El diagrama de puntos siguiente muestra la frecuencia de la distribución de los datos de los tamaños de las porciones. Los valores que calculaste para completar la tabla ya están incluidos.

Número de porciones de Aritos de trigo

- ¿Qué medida de tendencia central (media, mediana o moda) podrías usar para describir un tamaño de porción típica que sirven los estudiantes?

- ¿Qué tan bien crees que los estudiantes estimaron el tamaño de la porción cuando sirvieron Aritos de trigo?

Ya has aprendido cómo hallar la mediana de un conjunto de datos. En el Problema 3.1, trabajarás con valores llamados **cuartiles,** es decir, los tres puntos que dividen un conjunto ordenado de datos en cuatro grupos iguales, en los que cada grupo contiene un cuarto de los valores.

Problema 3.1

A Los estudiantes acordaron que estar "casi en lo correcto" era servir un tamaño de porción que estuviera en el 50% del medio de la distribución de los datos. Los estudiantes ordenaron los doce valores de Aritos de trigo de menor a mayor en notas adhesivas.

| 0.71 | 0.82 | 0.86 | 0.96 | 1.00 | 1.04 | 1.07 | 1.14 | 1.32 | 1.54 | 1.86 | 2.11 |

1. ¿Cuál es la mediana?

2. Identifica el **cuartil inferior** (C1). Su *posición* se localiza a la mitad entre los tamaños de porción 0.86 y 0.96. Halla el *valor* del cuartil inferior.

3. Identifica el **cuartil superior** (C3). Su *posición* se localiza a la mitad entre los tamaños de porción 1.32 y 1.54. Halla el *valor* del cuartil superior.

4. ¿Cómo se relacionan las posiciones de C1 y C3 con la posición de la mediana (a veces llamada C2)?

5. Las estimaciones del tamaño de porción entre C1 y C3 están en el 50% del medio de los datos. ¿Estás de acuerdo con que las estimaciones del tamaño de porción del 50% del medio son "casi los correctos"? Explícalo.

6. El **rango entre cuartiles (REC)** es la diferencia C3 – C1. El REC mide la *dispersión* del 50% del medio de los datos. ¿Cuál es el REC de los datos de Aritos de trigo?

continúa en la página siguiente >

Problema 3.1 continuación

B Los estudiantes también sirvieron porciones estimadas ($1\frac{1}{4}$ de taza o 33 gramos) de Hojuelas de pasitas.

1. Haz una copia de la tabla siguiente y escribe los tamaños de las porciones de los datos que recopilaron.

Hojuelas de pasitas

Gramos servidos	44	33	31	24	42	31	28	24	15	36	30	41
Tamaño de la porción	1.33	1.00	▪	▪	▪	0.94	▪	▪	▪	1.09	▪	▪

2. Haz un diagrama de puntos para mostrar la frecuencia de la distribución de los valores. Usa los mismos rótulos de la recta numérica que en el diagrama de puntos de Aritos de trigo del principio de la Investigación 3.

3. Ordena los datos de menor a mayor. ¿Cuál es la mediana?

4. Halla C1 y C3. Usa estos para identificar el 50% del medio de los datos.

5. Describe las porciones estimadas que están en el 50% del medio de la distribución. ¿Estás de acuerdo en que las porciones estimadas del 50% del medio son "casi las correctas"? Explícalo.

6. Calcula el REC de las porciones estimadas de Hojuelas de pasitas. Explica cómo hallaste este número.

C Usa los rangos entre cuartiles de los datos de Aritos de trigo y de Hojuelas de pasitas.

1. ¿Para qué cereal están más dispersos los datos? Explícalo.

2. ¿Es el REC una buena medida de si los estudiantes sirvieron porciones de cereales demasiado grandes o demasiado pequeñas?

3. ¿Cómo describirías una porción típica de Aritos de trigo como la que sirvieron los estudiantes? ¿Y de Hojuelas de pasitas?

Problema 3.1 *continuación*

D Recuerda que el rango de un conjunto de datos es una medida de la variabilidad (o dispersión).

1. Calcula el rango de los datos de Aritos de trigo. Calcula el rango de los datos de Hojuelas de pasitas.

2. ¿Qué te indican los rangos sobre cómo varían las porciones servidas? Explícalo.

3. Compara los rangos y los rangos entre cuartiles de cada conjunto de datos. ¿En qué se parecen? ¿En qué se diferencian?

E Cada estudiante escribió un informe que comparaba los dos conjuntos de datos. Dos estudiantes, Simón y Diana, dieron las respuestas siguientes. ¿Con quién estás de acuerdo, con Simón o con Diana? Explica tu razonamiento.

Simón

En las porciones de Hojuelas de pasitas, el rango (0.88 g) y el REC (0.375 g) son menores que el rango (1.4 g) y el REC (0.52 g) de Aritos de trigo.

Aproximadamente un tercio de los estudiantes sirvieron porciones demasiado grandes de Hojuelas de pasitas (33 g), pero casi dos tercios de los estudiantes sirvieron porciones demasiado grandes de Aritos de trigo (38 g). Parece que los estudiantes fueron más precisos al estimar las porciones de Hojuelas de pasitas.

Diana

La mediana de los datos de los tamaños de porción de Hojuelas de pasitas es 0.94 de una porción. La mediana de los tamaños de porción de los datos de Aritos de trigo es 1.055 de una porción. Parece que los estudiantes sirvieron porciones demasiado grandes de Aritos de trigo y porciones demasiado pequeñas de Hojuelas de pasitas.

 La tarea comienza en la página 72.

3.2 Relacionar la ubicación de los cereales en los estantes y el contenido de azúcar

Describir la variabilidad usando el REC

Las cajas de cereales tienen información nutricional en uno de sus lados. El contenido de azúcar se indica en gramos por porción.

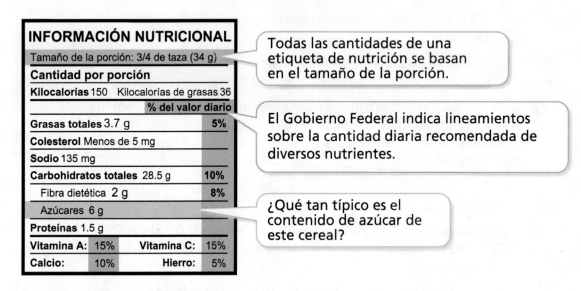

INFORMACIÓN NUTRICIONAL

Tamaño de la porción: 3/4 de taza (34 g)

Cantidad por porción

Kilocalorías 150 Kilocalorías de grasas 36

	% del valor diario
Grasas totales 3.7 g	**5%**
Colesterol Menos de 5 mg	
Sodio 135 mg	
Carbohidratos totales 28.5 g	**10%**
Fibra dietética 2 g	**8%**
Azúcares 6 g	
Proteínas 1.5 g	

Vitamina A: 15%	**Vitamina C:** 15%
Calcio: 10%	**Hierro:** 5%

Todas las cantidades de una etiqueta de nutrición se basan en el tamaño de la porción.

El Gobierno Federal indica lineamientos sobre la cantidad diaria recomendada de diversos nutrientes.

¿Qué tan típico es el contenido de azúcar de este cereal?

El diagrama de puntos siguiente muestra la distribución de gramos de azúcar por porción de 70 cereales. La mediana es 7.5 gramos de azúcar, es decir, aproximadamente 2 cucharaditas de azúcar, por porción. El marcador rojo (⊥) indica la mediana.

Distribución de azúcar en 70 cereales

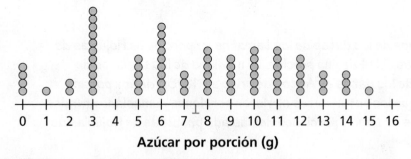

Azúcar por porción (g)

- ¿Qué te llama la atención sobre el conjunto de datos o su distribución? Explícalo.

- ¿Qué preguntas te haces cuando miras la distribución?

Has usado dos medidas de variabilidad: el rango y el rango entre cuartiles (REC). En el Problema 3.2, usarás el REC para describir la variabilidad en gramos de azúcar de distintos grupos de cereales.

Problema 3.2

Ⓐ Usa el diagrama de puntos de la página anterior que muestra la distribución de azúcar en los cereales.

    1. ¿Hay intervalos donde se agrupan los datos? ¿Qué te indica esto de los datos?

    2. La tabla siguiente muestra algunos de los datos. Haz una copia del diagrama de puntos de la página anterior y localiza el punto de cada dato.

Distribución de azúcar en algunos cereales

Cereales del conjunto de datos	Azúcar (gramos)	Ubicación en los estantes
Lleno de fibra	5	Abajo
Salvado crujiente	6	Arriba
Aritos de trigo	1	Arriba
Crujientes de fruta	13	En medio
Hojuelas azucaradas	11	Arriba
Trocitos helados	7	En medio
Pedacitos saludables	3	Abajo
Avenitas de miel	6	En medio
Aritos de trigo con miel	10	Arriba
Hojuelas de pasitas	14	En medio

continúa en la página siguiente >

Problema **3.2** *continuación*

B Los diagramas de puntos siguientes muestran datos para los 70 cereales organizados por ubicación en los estantes de los supermercados.

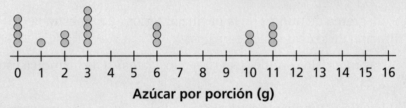

Azúcar en los cereales del estante superior

Azúcar por porción (g)

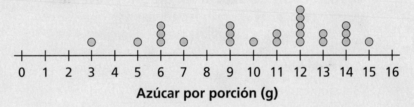

Azúcar en los cereales del estante medio

Azúcar por porción (g)

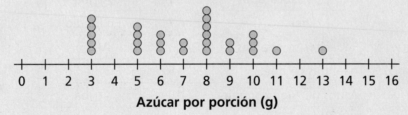

Azúcar en los cereales del estante inferior

Azúcar por porción (g)

1. ¿Hay algún patrón de qué tan azucarado es un cereal y su ubicación en los estantes? Halla maneras de describir y comparar las tres distribuciones de los datos.

2. a. Halla el REC de cada distribución.

   b. ¿Cuál de las tres distribuciones tiene la mayor variabilidad en gramos de azúcar por porción? ¿Y la menor variabilidad?

continuación

3. Escribe un informe que compare los cereales que se encuentran en cada uno de los estantes. Tu informe debe

- usar una medida de tendencia central para describir el número típico de gramos de azúcar que hay en los cereales de cada estante.

- usar una medida de dispersión para describir la variabilidad en el número de gramos de azúcar que hay en los cereales de cada estante.

- comparar las distribuciones de los gramos de azúcar que hay en los cereales en cada uno de los tres estantes usando las medidas de tendencia central y de dispersión anteriores.

- señalar cualquier cosa inusual o interesante.

A C A La tarea comienza en la página 72.

3.3 ¿Merece la pena esperar?
Determinar y describir la variabilidad usando la DAM

Durante tu vida pasas mucho tiempo esperando. Algunas veces parece que vas a estar en una fila para siempre. Por ejemplo, quizá tengas que esperar mucho tiempo para subir en tu juego mecánico favorito del parque de diversiones.

Durante el verano, una estimación del tiempo de espera promedio en un parque de diversiones es de 60 minutos. Los juegos mecánicos más populares pueden acomodar 1,500 personas por hora. Las filas se forman cuando llegan más personas de las que caben en un juego mecánico. Los parques de diversiones están diseñados para minimizar los tiempos de espera, pero la variabilidad en el número de personas que escogen un juego mecánico en particular puede provocar filas.

Sally y su familia pasaron el día en un parque de diversiones. Al final del día, Sally vio el aviso siguiente.

- ¿Qué juego mecánico tiene el promedio de tiempo de espera más corto? ¿Y el más largo?

- Sally esperó más de 25 minutos en la fila del Paseo panorámico en tren. ¿Cómo pudo pasar esto?

En la Investigación 2, aprendiste que es posible que un conjunto de datos incluya valores que son bastante diferentes de la media. En el Problema 3.3, hallarás una manera de describir *cuánto* varían los datos respecto a un promedio.

 ## Problema 3.3

A Dado que Sally esperó en fila más que el promedio de tiempo de espera, se preguntó cuánto variaban los tiempos de espera.

El diagrama de puntos siguiente muestra una distribución de diez tiempos de espera para el juego mecánico Paseo panorámico en tren.

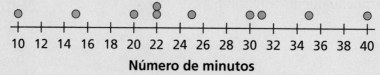

Tiempos de espera para el Paseo panorámico en tren

Número de minutos

1. Sally dice que la media del tiempo de espera es 25 minutos, como decía el aviso. ¿Estás de acuerdo? Explícalo.

Problema 3.3 continuación

2. Sally se pregunta qué tan típico es un tiempo de espera de 25 minutos. Dice: "Puedo hallar cuánto varían, en promedio, los valores respecto a la media de tiempo de 25 minutos". Ella usa la gráfica siguiente para hallar la distancia de cada valor respecto a la media.

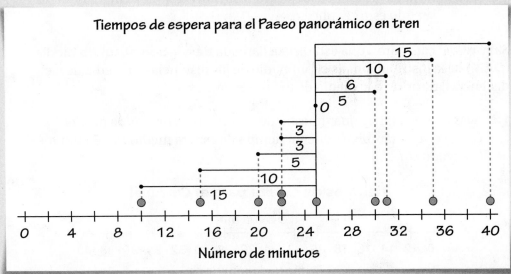

Fred dice: "Esa es una buena idea, pero yo usé una gráfica de barras de valores ordenados para mostrar la misma idea".

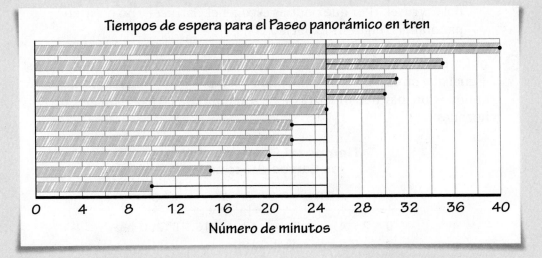

a. Describe cómo usarías cada gráfica para hallar cuánto varían, en promedio, los valores respecto a la media del tiempo de 25 minutos.

continúa en la página siguiente >

Problema 3.3 *continuación*

b. ¿Qué te indica esta información sobre cuánto es posible que tengas que esperar en la fila para subir al Paseo panorámico en tren?

c. Sally observó que la suma de las distancias respecto a la media de los valores menores que la media es igual a la suma de las distancias respecto a la media de los valores mayores que la media. ¿Tiene sentido esto? Explícalo.

Sally y Fred calcularon una estadística llamada **desviación absoluta media (DAM)** de la distribución. Es el promedio de las distancias (o media de las distancias) respecto a la media de todos los valores.

B A continuación hay una muestra de diez tiempos de espera para el Carrusel, que también tiene un tiempo de espera medio de 25 minutos (marcado con △).

Tiempos de espera para el Carrusel

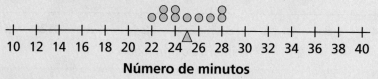

Número de minutos

1. Halla la desviación absoluta media (DAM) de esta distribución.

2. Compara la DAM del Paseo panorámico en tren con la DAM del Carrusel. ¿Por qué podrías escoger el Carrusel y no el Paseo panorámico en tren? Explícalo.

C Los Carros chocones tienen una media de tiempo de espera de 10 minutos. Al igual que otros juegos mecánicos, los tiempos de espera son variables. A continuación, hay una muestra de diez tiempos de espera para los Carros chocones.

Tiempos de espera para los Carros chocones

Número de minutos

1. ¿Cuál es la DAM para los datos de los Carros chocones?

2. Compara la media de los tiempos de espera del Paseo panorámico en tren y de los Carros chocones. ¿Qué observas? Luego compara las DAM de los dos juegos mecánicos. ¿Qué observas? Explícalo.

Problema **3.3** | *continuación*

D Usa estos dos letreros de los juegos mecánicos de un parque de diversiones. Supón que tienes que salir del parque en 30 minutos, pero quieres subirte una última vez. Cada juego mecánico dura 3 minutos. ¿Cuál escogerías?

TOBOGÁN ALPINO

Tiempo promedio de espera: 18 minutos
DAM: 12 minutos

TIROLESA

Tiempo promedio de espera: 22 minutos
DAM: 2 minutos

A C A La tarea comienza en la página 72.

Aplicaciones

Los camareros de la Cafetería Mugwump reciben propinas por su excelente servicio.

1. **a.** El lunes, cuatro camareros ganaron las propinas que se indican a continuación. Halla el rango de las propinas.

b. Los cuatro camareros repartieron sus propinas en partes iguales. ¿Cuánto recibió cada uno? Explícalo.

c. Yanna estaba ocupada limpiando una mesa cuando se repartieron las propinas. Ella también recibió $16.10 en propinas. Supón que las propinas de Yanna se incluyeron con las otras propinas y que el total se repartió en partes iguales entre los cinco camareros. Sin hacer cálculos, ¿recibirán los cuatro camareros menos, más o igual que lo que recibieron antes de incluir las propinas de Yanna? Explícalo.

2. El martes, los cinco camareros repartieron otra vez sus propinas en partes iguales. Cada uno recibió $16.45. ¿Significa esto que alguien recibió originalmente $16.45 en propinas? Explícalo.

3. **a.** El miércoles, Yanna recibió $13.40 en propinas. Cuando repartieron las propinas de los cinco camareros en partes iguales, cada uno recibió $15.25. ¿Cómo pudo ocurrir esto? Explícalo.

b. Basándote en la información del inciso (a), ¿qué puedes decir sobre la variabilidad de los datos de las propinas del miércoles? Explica tu razonamiento.

4. Recuerda los datos de las longitudes de los nombres de la Investigación 1. Exploraste longitudes de nombres de diferentes países. Los diagramas de puntos siguientes muestran cuatro distribuciones de datos. Cada diagrama de puntos muestra la mediana (⊥).

Nombres de amigos chinos por correspondencia

Número de letras

Nombres de amigos japoneses por correspondencia

Número de letras

Nombres de amigos coreanos por correspondencia

Número de letras

Nombres de estudiantes estadounidenses

Número de letras

a. ¿Cuál es el rango entre cuartiles (REC) de cada distribución? Explica cómo hallaste cada REC.

b. Usando los REC, ¿para qué distribución es el 50% del medio la mínima dispersión? ¿Y la máxima? Explícalo.

5. A continuación hay dos gráficas de barras de valores ordenados (Muestra 1 y Muestra 2). Cada una de ellas muestra nueve hogares con una media de cinco personas por hogar.

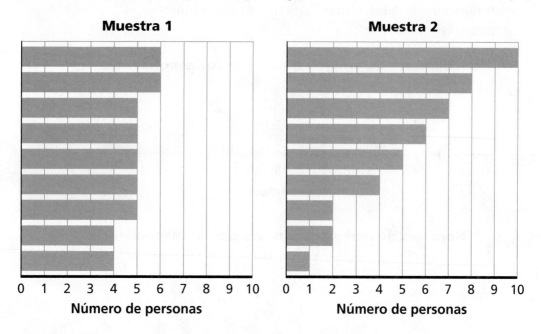

Muestra 1

Muestra 2

Número de personas

Número de personas

a. Para cada muestra, ¿cuántos *movimientos* se necesitan para nivelar las barras de tal forma que la media sea 5? Un "movimiento" es el paso de una persona de un hogar a otro.

b. Dibuja una gráfica de barras de valores ordenados que muestre nueve hogares en los que cada valor sea 5. Usa la misma escala que las otras dos gráficas y rotúlala como Muestra 3. ¿Cómo muestra esta que la media es de 5 personas?

c. Cuanto más cerca se encuentra un valor de la media, menos movimientos hay que hacer para nivelar los datos. ¿En qué gráfica (Muestra 1, 2 ó 3) están los datos más cerca de la media (varían menos)? ¿Y más lejos de la media (varían más)?

d. Usando las tres gráficas de valores ordenados, halla la desviación absoluta media (DAM) para cada conjunto de datos. Basándote en la DAM, ¿qué conjunto de datos es el que varía más de la media de cinco personas? ¿Y el que varían menos? Explícalo.

6. Jeff y Elena están estudiando para su examen final. La hoja de calificaciones siguiente muestra sus puntuaciones en los exámenes de práctica. Cada examen tiene una puntuación máxima de 100.

| Archivo | Editar | Herramientas | Vista | Tabla | Clase | Ayuda |

| Exámenes de práctica de Álgebra 1 | Tarea de Álgebra 1 |

Clase	Nombre	Número de estudiante	Examen 1	Examen 2	Examen 3	Examen 4	Examen 5	Examen 6	Examen 7	Examen 8	Promedio de los exámenes
001	Jeff	# 18	75	80	75	80	75	80	85	90	
001	Elaine	# 24	60	70	80	70	80	90	100	90	

Puntuación baja [   ]   Puntuación alta [   ]

a. Haz un diagrama de puntos de las puntuaciones de los exámenes de práctica de cada persona.

b. ¿Cuáles son la mediana y el REC de cada distribución?

c. ¿Cuáles son la media y la DAM de cada distribución?

d. En el día del examen, ¿quién es más probable que reciba una puntuación de 80: Jeff o Elena? Explica tu razonamiento.

7. Los diagramas de puntos siguientes muestran las distribuciones de diez tiempos de espera en dos juegos mecánicos.

Juego mecánico 1 del parque de diversiones

Tiempo de espera (min)

Juego mecánico 2 del parque de diversiones

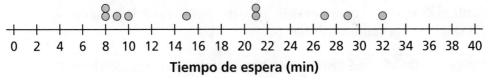

Tiempo de espera (min)

a. Halla la media de cada conjunto de datos.

b. Calcula la DAM de cada conjunto de datos.

c. Compara las DAM. ¿En qué distribución varían los datos más de la media? Explícalo.

d.   i. Haz tu propio conjunto de datos de diez tiempos de espera. Dibuja un diagrama de puntos.

    ii. Calcula la DAM.

    iii. Compara las tres distribuciones. ¿En qué distribución varían los datos más de la media? Explica tu razonamiento.

En los Ejercicios 8 a 10, usa los diagramas de puntos siguientes.

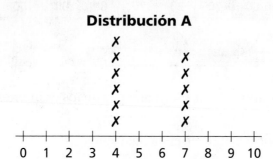

Distribución A

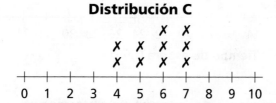

Distribución B

Distribución C

8. Halla el rango entre cuartiles (REC) y la desviación absoluta media (DAM) de cada conjunto de datos.

9. Usando la DAM, ¿qué distribución tiene la mínima variación de la media? ¿Y la máxima?

10. Usando el REC, ¿qué distribución tiene la máxima dispersión en el 50% del medio de los datos? ¿Y la mínima?

11. La tabla de frecuencias siguiente muestra el número de mascotas que tienen los estudiantes de tres clases de sexto grado.

Dueños de mascotas

Número de mascotas	Clase 1	Clase 2	Clase 3
0	5	4	2
1	3	1	2
2	5	5	5
3	2	3	4
4	0	3	1
5	0	1	2
6	1	2	3
7	0	0	0
8	0	0	1
9	0	0	1
10	0	0	0
11	0	1	0
12	0	0	1
13	1	0	0
14	1	0	1
15	0	0	0
16	0	0	0
17	0	0	1
18	0	0	0
19	0	0	1
20	0	0	0
21	0	0	1
22	0	0	0
23	1	0	0
24	1	0	0

a. Dibuja un diagrama de puntos de cada conjunto de datos. Usa la misma escala en cada gráfica para que puedas comparar fácilmente las distribuciones.

b. Calcula la mediana y el REC de cada distribución. Escribe al menos tres enunciados para comparar las clases usando la mediana y el REC.

c. A continuación están las medias y las DAM de cada conjunto de datos. Escribe al menos tres enunciados para comparar las clases usando las medias y las DAM.

Estadísticas de los dueños de mascotas

Número de mascotas	Clase 1	Clase 2	Clase 3
Media	5	2.67	6
DAM	3.6	1.74	4.46

Conexiones

En los Ejercicios 12 y 13, usa la gráfica de barras siguiente.

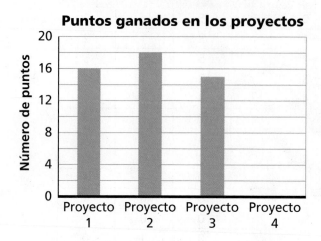

Puntos ganados en los proyectos

12. **a.** La puntuación media de Malaika es 17 puntos. ¿Cuántos puntos recibió Malaika en el Proyecto 4? Explícalo.

 b. ¿Cuál es el rango de las puntuaciones de Malaika en los cuatro proyectos? ¿Qué te indica esto sobre la variación de sus puntuaciones?

13. Cada proyecto tiene una puntuación máxima de 20 puntos.

 a. ¿Cuál sería la puntuación media de Malaika si tuviera un total de 80 puntos para los cuatro proyectos? ¿Y un total de 60 puntos?

 b. Da cuatro puntuaciones posibles a los proyectos que den como resultado cada puntuación media del inciso (a).

 c. ¿Cuál es el rango de las puntuaciones para cada uno de tus conjuntos de las cuatro puntuaciones de los proyectos? ¿Qué te indica esto sobre qué tan dispersas están, es decir, qué tan variables son las puntuaciones?

 d. ¿Están estos rangos más dispersos, o son más variables, que el rango del conjunto de puntuaciones de Malaika? Explícalo.

En los Ejercicios 14 a 16, usa las tablas siguientes.

Contenido de cafeína de algunas bebidas gaseosas

Nombre	Cafeína en 8 onzas (mg)
Gaseosa A	38
Gaseosa B	37
Gaseosa C	27
Gaseosa D	27
Gaseosa E	26
Gaseosa F	24
Gaseosa G	21
Gaseosa H	15
Gaseosa J	23

Contenido de cafeína de otras bebidas

Nombre	Cafeína en 8 onzas (mg)
Bebida energética A	77
Bebida energética B	70
Bebida energética C	25
Bebida energética D	21
Té helado A	19
Té helado B	10
Bebida de café	83
Chocolate caliente	2
Jugo	33

14. **a.** Halla la media y la mediana de las cantidades de cafeína en las bebidas gaseosas.

b. Halla la media y la mediana de las cantidades de cafeína en las otras bebidas.

c. Usando los incisos (a) y (b), ¿es posible decir qué tipo de bebida (gaseosas o las otras bebidas) tiene mayor variabilidad del contenido de café? Explícalo.

d. Escribe tres enunciados que comparen las cantidades de cafeína que hay en las gaseosas y las otras bebidas.

15. Indica si cada enunciado es verdadero o falso.

a. La Gaseosa B tiene más cafeína que la Gaseosa F o la Gaseosa D.

b. La Bebida energética C tiene tres veces más cafeína por porción que la Bebida energética A.

c. El 75% de todas las bebidas tienen 25 mg o menos de cafeína por porción.

16. En el Ejercicio 14, hallaste las medias y las medianas de las gaseosas y de las otras bebidas. A continuación se enlistan dos DAM y dos REC.

DAM = 5.16 mg   DAM = 25.93 mg
REC = 10 mg   REC = 59 mg

a. ¿Qué estadísticas describen la variabilidad del contenido de cafeína en las gaseosas? Explica tu razonamiento.

b. ¿Qué estadísticas describen la variabilidad del contenido de cafeína en las otras bebidas? Explícalo.

En los Ejercicios 17 y 18, usa los diagramas de puntos siguientes.

△ Media
⊥ Mediana

Longitudes de los nombres: Masculinos

Número de letras

Longitudes de los nombres: Femeninos

Número de letras

17. Compara los dos conjuntos de datos. ¿Qué grupo tiene nombres más largos? Explícalo.

18. Mira la distribución para los nombres femeninos. Supón que cambiaron los datos de cuatro nombres con 18 letras o más. Estos estudiantes ahora tienen longitudes de nombres de diez letras o menos.

a. Dibuja un diagrama de puntos que muestre este cambio.

b. ¿Influirá el cambio en la mediana de las longitudes de nombres femeninos? Explícalo.

c. ¿Influirá el cambio en la media de las longitudes de nombres femeninos? Explícalo.

19. Opción múltiple Las puntuaciones de los exámenes de John fueron 100, 84, 88, 96 y 96. Su maestro le dijo que su calificación final es 96. ¿Qué medida de tendencia central usó su maestro para darle la calificación final a John?

A. Media

B. Mediana

C. Moda

D. Rango

20. Opción múltiple La empresa Paquetes en marcha de Samuel envía 6 paquetes con un peso medio de 7.1 libras. Supón que la media del peso de cinco de estos paquetes es 6.3 libras. ¿Cuánto pesa el sexto paquete?

F. 4.26 lb

G. 6.7 lb

H. 10.3 lb

J. 11.1 lb

21. Opción múltiple ¿Cuál de las siguientes opciones es verdadera acerca del REC?

A. Describe la variabilidad del 50% del medio de los valores.

B. Describe, en promedio, la distancia de cada valor desde la media.

C. Usa los valores mínimo y máximo en su cálculo.

D. Es una estadística en la que influyen los valores extremadamente altos o extremadamente bajos.

22. Una gimnasta recibe los seis puntajes siguientes.

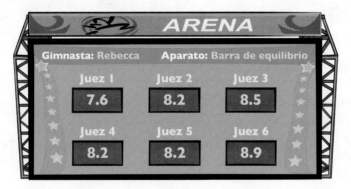

a. ¿Cuál es su puntaje medio?

b. ¿Qué le ocurre a la media cuando multiplicas cada valor por 2? ¿Y por $\frac{2}{3}$? ¿Y por 0.2?

c. ¿Por qué cambia la media en cada situación?

En los Ejercicios 23 a 25, usa los datos siguientes.

- Cuatro canciones pop duran cada una 162, 151, 174 y 149 segundos.

- Cuatro canciones folclóricas duran cada una 121, 149, 165 y 184 segundos.

23. **Opción múltiple** ¿Cuál es la DAM de las duraciones de las canciones folclóricas?

   F. 18 segundos   **G.** 19 segundos   **H.** 18.25 segundos   **J.** 19.75 segundos

24. **Opción múltiple** ¿Cuál es la DAM de las duraciones de las canciones pop?

   A. 2 segundos   **B.** 5 segundos   **C.** 6 segundos   **D.** 9 segundos

25. **Opción múltiple** ¿Cuál de los enunciados siguientes es verdadero?

   F. La variabilidad de las canciones folclóricas es aproximadamente la mitad de la de las canciones pop.

   G. La variabilidad de las canciones folclóricas es aproximadamente el doble de la de las canciones pop.

   H. La variabilidad de las canciones folclóricas es aproximadamente el triple de la de las canciones pop.

   J. La variabilidad de las canciones folclóricas es aproximadamente cuatro veces la de las canciones pop.

Ampliaciones

26. Mark tiene una manera sencilla de hallar la media de sus puntuaciones de los exámenes: "Cada examen de matemáticas vale 100 puntos. Supón que obtengo 60 en mi primer examen y 90 en el segundo. Mi promedio sería 75, porque la mitad de 60 es 30, la mitad de 90 es 45 y 30 + 45 es 75. Ahora supón que tuviera tres puntuaciones: 60, 90 y 84. Mi promedio sería 78, porque un tercio de 60 es 20, un tercio de 90 es 30 y un tercio de 8 es 28, y 20 + 30 + 28 = 78".

   ¿Funciona siempre el método de Mark? Explícalo.

27. Usa el conjunto de datos 20, 6, 10, 8, 12, 16, 14, 15, 14, 7.

   a. Halla la media, la moda y la mediana. Luego, halla el REC y la DAM.

   b. Suma 3 a cada valor del conjunto. Ahora determina la media, la moda, la mediana, el REC y la DAM. ¿Qué ocurrió? Explícalo.

   c. Multiplica cada valor del conjunto por 2. Ahora determina la media, la moda, la mediana, el REC y la DAM. ¿Qué ocurrió? Explícalo.

En esta Investigación, exploraste cómo varían los datos y cómo se puede usar la estadística sumaria para describir la variabilidad. Estas preguntas te ayudarán a resumir lo que has aprendido.

Piensa en tus respuestas a estas preguntas. Comenta tus ideas con otros estudiantes y con tu maestro. Luego, escribe un resumen en tu cuaderno.

1. **Explica** e ilustra las palabras siguientes.

   a. Rango

   b. Rango entre cuartiles

   c. Desviación absoluta media

2. a. **Describe** cómo usarías el rango para comparar cómo varían dos distribuciones de datos.

   b. **Describe** cómo usarías el REC para comparar cómo varían dos distribuciones de datos.

   c. **Describe** cómo usarías la DAM para comparar cómo varían dos distribuciones de datos.

Proyecto de la unidad

Piensa en la encuesta que desarrollarás para recopilar información sobre estudiantes de escuela intermedia.

 ¿Te ayudarán las medidas de variabilidad, como el REC y la DAM, a informar las observaciones sobre tus datos?

Estándares comunes de prácticas matemáticas

Al trabajar en los problemas de esta Investigación, usaste conocimientos previos para encontrarles sentido. También aplicaste prácticas matemáticas para resolverlos. Piensa en el trabajo que hiciste, las maneras en que pensaste acerca de los problemas y cómo usaste las prácticas matemáticas.

Shawna describió sus reflexiones de la siguiente manera:

Descubrí cómo comparar el REC y la DAM. El rango entre cuartiles se relaciona con la mediana. Primero, hallo la mediana. Luego, hallo el punto medio de los datos que sean menores que la mediana y el punto medio de los datos que sean mayores que la mediana. El REC es la diferencia entre esos dos puntos medios.

La DAM se relaciona con la media. Primero, hallo la media. Luego, hallo la distancia a la que cada valor está de la media. Para obtener una desviación promedio, sumo todas las distancias y divido la suma por el número de valores.

Lo que esto significa es que cuanto mayor el REC, más datos varían respecto a la media. Lo mismo aplica para la DAM: Cuanto mayor sea la DAM, más varían los datos respecto a la media.

· ·

Estándares estatales comunes para prácticas matemáticas (PM)

PM7 Buscar y utilizar la estructura.

- ¿Qué otras prácticas matemáticas puedes identificar en el razonamiento de Shawna?

- Describe una práctica matemática que tus compañeros de clase y tú usaron para resolver un problema diferente de esta Investigación.

¿Qué números nos describen? Usar gráficas para agrupar datos

Las personas usan números para describir una variedad de atributos, o características, de personas, lugares y cosas. Estos atributos incluyen:

- actividades, como la cantidad de tiempo que tarda un estudiante en llegar a la escuela
- desempeño, como el número de veces consecutivas que una persona puede saltar la cuerda
- características físicas, como la estatura de una persona

En esta Investigación, examinarás gráficas para identificar patrones y tendencias de conjuntos grandes de datos. Agrupar los datos antes de hacer la gráfica facilita el análisis de los datos. Tu análisis puede ayudarte a sacar conclusiones sobre el atributo que se está estudiando.

Estándares estatales comunes

6.SP.B.4 Mostrar datos numéricos en diagramas en una recta numérica, incluyendo diagramas de puntos, histogramas y diagramas de caja.

6.SP.B.5a Resumir conjuntos de datos numéricos en relación con su contexto, como al informar el número de observaciones.

6.SP.B.5c Resumir conjuntos de datos numéricos en relación con su contexto, como al dar medidas de tendencia central cuantitativas (mediana y/o media) y de variabilidad (rango entre cuartiles y/o desviación absoluta media), así como al describir cualquier patrón general y cualquier desviación respecto al patrón general con referencia al contexto en el que se recopilaron los datos.

6.SP.B.5d Resumir conjuntos de datos numéricos en relación con su contexto, como al relacionar la elección de medidas de tendencia central y de variabilidad con la forma de la distribución de los datos y el contexto en el que se recopilaron los datos.

También 6.NS.C.6, 6.NS.C.7, 6.SP.A.1, 6.SP.A.2, 6.SP.A.3

4.1 Llegar a la escuela
Histogramas

Una clase de escuela intermedia estudió las horas en que se levantan los estudiantes por la mañana. Hallaron que dos estudiantes se levantaban casi una hora antes que los demás. La clase se preguntó cuánto tiempo tardaba cada estudiante en llegar a la escuela cada mañana. La tabla siguiente muestra los datos que recopilaron.

- Basándote en los datos, ¿qué tres preguntas crees que hizo la clase?
- ¿Cómo podría la clase haber recopilado los datos?
- ¿Qué información te daría un diagrama de puntos de los datos? ¿Y una gráfica de barras?

Tiempos de los estudiantes para llegar a la escuela

Estudiante	Tiempo de viaje (minutos)	Distancia (millas)	Forma de transporte	Estudiante	Tiempo de viaje (minutos)	Distancia (millas)	Forma de transporte
LS	5	0.50	autobús	DW	17	2.50	autobús
CD	5	0.25	a pie	MN	17	4.50	autobús
ME	5	0.50	autobús	AP	19	2.25	autobús
EL	6	1.00	carro	MP	20	1.50	autobús
KR	8	0.25	a pie	AT	20	2.75	autobús
NS	8	1.25	carro	JW	20	0.50	a pie
NW	10	0.50	a pie	JB	20	2.50	autobús
RC	10	1.25	autobús	MB	20	2.00	autobús
JO	10	3.00	carro	CF	20	1.75	autobús
ER	10	1.00	autobús	RP	21	1.50	autobús
TH	11	1.50	autobús	LM	22	2.00	autobús
DD	15	2.00	autobús	QN	25	1.50	autobús
SE	15	0.75	carro	AP	25	1.25	autobús
AE	15	1.00	autobús	CC	30	2.00	autobús
CL	15	1.00	autobús	BA	30	3.00	autobús
HCP	15	1.50	autobús	BB	30	4.75	autobús
JW	15	1.50	autobús	FH	35	2.50	autobús
SW	15	2.00	carro	KLD	35	0.75	autobús
CW	15	2.25	autobús	AB	50	4.00	autobús
KG	15	1.75	autobús	DB	60	4.50	autobús

Puedes dibujar un histograma para mostrar los datos en la tabla. Un **histograma** es una gráfica que organiza datos numéricos en *intervalos*.

Paso 1: Dibuja un diagrama de puntos o haz una tabla de frecuencias para mostrar los datos.

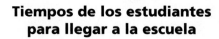

Los datos del tiempo de viaje de los estudiantes varían desde 5 minutos hasta 55 minutos.

- ¿Por qué la recta numérica del diagrama de puntos está rotulada cada 5 minutos en lugar de cada minuto?

- ¿Cómo puedes identificar los valores del diagrama de puntos cuando la recta numérica está rotulada cada 5 minutos?

Paso 2: Determina la frecuencia de los valores que están en cada intervalo o grupo de números consecutivos.

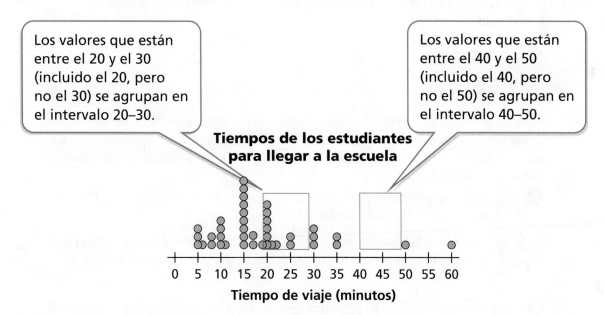

Los valores que están entre el 20 y el 30 (incluido el 20, pero no el 30) se agrupan en el intervalo 20–30.

Los valores que están entre el 40 y el 50 (incluido el 40, pero no el 50) se agrupan en el intervalo 40–50.

La altura de cada una de las barras del histograma representa el número de valores dentro de un **intervalo** específico, es decir, un grupo de números consecutivos.

Paso 3: Dibuja el histograma. El histograma siguiente tiene un tamaño de intervalo de 10 minutos.

Nota: En el histograma siguiente, los valores de 10 minutos se grafican en el intervalo 10-20 minutos y los valores de 20 minutos se grafican en el intervalo 20-30 minutos, etcétera.

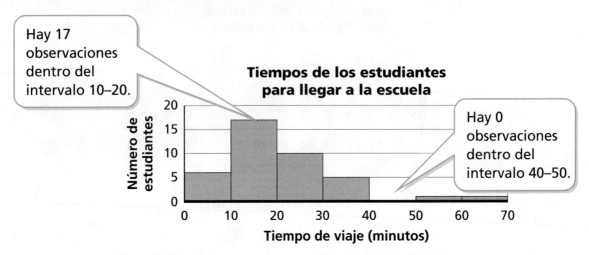

- ¿En qué se parece un histograma a una gráfica de barras? ¿En qué se diferencia?

- ¿Cómo usarías un diagrama de puntos o una tabla de frecuencias como ayuda para hacer un histograma?

- ¿Qué significa *tamaño del intervalo*?

- Usando los mismos datos, ¿cómo se vería un histograma con un tamaño de intervalo diferente?

Problema 4.1

En el histograma anterior, los datos se agrupan en intervalos de 10 minutos. Los datos también podrían agruparse en intervalos más grandes o más pequeños. A veces, cambiar el tamaño del intervalo del histograma ayuda a ver patrones diferentes en los datos.

Ⓐ 1. Haz un histograma que muestre los datos del tiempo de viaje. Usa un tamaño de intervalo de 5 minutos.

2. Compara el histograma anterior con el que dibujaste en el inciso (1). ¿Cómo te ayuda cada histograma a describir los tiempos de viaje de los estudiantes?

Ⓑ ¿Qué estudiantes es más probable que se levanten más tarde en la mañana? Explícalo.

Ⓒ ¿Qué estudiantes es más probable que se levanten más temprano? Explícalo.

Problema 4.1 *continuación*

D 1. Para los datos de los tiempos de viaje, halla la moda, la mediana, la media y el rango. Explica cómo hallaste estas estadísticas.

2. ¿En qué intervalo está la moda? ¿Y la mediana? ¿Y la media?

E ¿Qué estadística, la media o la mediana, escogerías informar para describir el tiempo promedio de viaje de un estudiante? Explícalo.

ACA La tarea comienza en la página 98.

4.2 Saltar la cuerda
Gráficas de caja y bigotes

Una **gráfica de caja y bigotes,** o *diagrama de caja*, usa cinco medidas estadísticas: el valor mínimo, el cuartil inferior, la mediana, el cuartil superior y el valor máximo. Estos valores separan un conjunto de datos en cuatro grupos con el mismo número de valores en cada grupo.

El ejemplo siguiente muestra cómo estas cinco estadísticas forman un diagrama de caja.

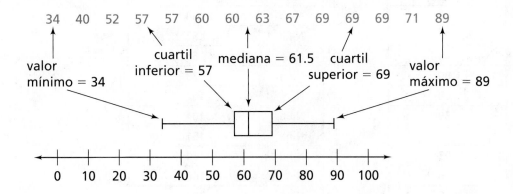

Dos clases de escuela intermedia compitieron en un concurso de saltar la cuerda. Las tablas siguientes muestran los datos de cada clase.

Clase de la señora R: Número de saltos consecutivos

Género	Número de saltos
Niño	1
Niño	1
Niño	5
Niño	7
Niño	7
Niño	7
Niño	8
Niño	11
Niño	11
Niño	16
Niño	20
Niña	20
Niña	23
Niño	26
Niña	30
Niño	33
Niño	35
Niño	36
Niña	37
Niño	39
Niño	40
Niña	45
Niño	62
Niña	80
Niña	88
Niña	89
Niña	91
Niña	93
Niña	96
Niño	125

Clase del señor K: Número de saltos consecutivos

Género	Número de saltos
Niño	1
Niño	2
Niño	5
Niño	7
Niño	8
Niño	8
Niña	14
Niño	17
Niño	17
Niña	27
Niño	27
Niño	28
Niño	30
Niña	30
Niño	39
Niño	42
Niña	45
Niño	47
Niño	50
Niña	52
Niña	54
Niña	57
Niño	65
Niña	73
Niña	102
Niña	104
Niña	151
Niña	160
Niño	160
Niña	300

- La clase del señor K dice que es mejor saltando la cuerda que la clase de la señora R. ¿Qué evidencia podría estar usando la clase del señor K?

Los diagramas de puntos siguientes muestran la frecuencia de los datos de las tablas.

- ¿En qué se parecen los diagramas de puntos? ¿En qué se diferencian?

Saltos consecutivos de la clase de la señora R

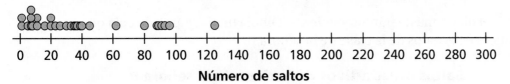

Número de saltos

Saltos consecutivos de la clase del señor K

Número de saltos

En el diagrama de puntos siguiente se muestran el valor mínimo (1), el cuartil inferior (17), la mediana (40.5), el cuartil superior (65) y el valor máximo (300).

Saltos consecutivos de la clase del señor K

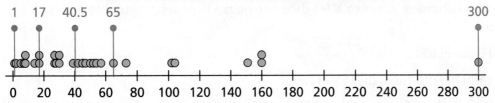

Este diagrama de caja muestra la misma distribución de los datos que el diagrama de puntos anterior.

Saltos consecutivos de la clase del señor K

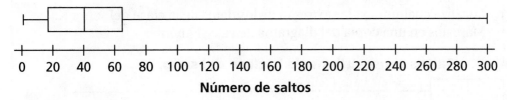

Número de saltos

Un **valor extremo** es un valor inusualmente alto o bajo de una distribución. Podría indicar que el valor se registró incorrectamente. También podría indicar que el valor es inusual y es importante que se estudie.

- ¿Qué valores podrían ser valores extremos para el conjunto de datos de la clase del señor K?

- Mira la gráfica de caja y bigotes. ¿Cuál es el número típico de saltos de un estudiante de la clase del señor K? Explica tu razonamiento.

- Usa lo que sabes sobre los diagramas de caja. Explica cómo estos diagramas agrupan una distribución de datos en cuartiles, es decir, en cuatro partes iguales.

Problema **4.2**

En este Problema, usarás diagramas de caja para comparar los datos de las dos clases.

A Usa el diagrama de puntos siguiente. Dibuja un diagrama de caja que muestre los datos de la clase de la señora R.

Saltos consecutivos de la clase de la señora R

Número de saltos

B ¿Qué clase realizó mejor la actividad de saltar la cuerda? Usa información de los diagramas de puntos, diagramas de caja y tablas para explicar tu razonamiento.

C La clase del señor K observa valores inusualmente altos en sus datos. Los estudiantes quieren comprobar si los valores 102, 104, 151, 160 y 300 son valores extremos. El señor K les dice que hagan la prueba siguiente de los datos:

- Hallar el REC.

- Hallar el producto de $1\frac{1}{2}$ y el REC.

- Sumar el producto de $1\frac{1}{2}$ y el REC al Cuartil 3. Cualquier valor mayor que esta suma es un valor extremo.

- Restar el producto de $1\frac{1}{2}$ y el REC del Cuartil 1. Cualquier valor menor que esta diferencia es un valor extremo.

  1. Localiza cualquier valor extremo de los datos de la clase del señor K. Márcalos en una copia del diagrama de caja siguiente.

Saltos consecutivos de la clase del señor K

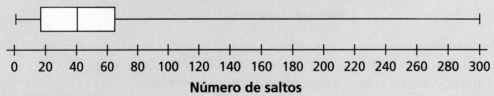

Número de saltos

  2. ¿Incluyen valores extremos los datos de la clase de la señora R? Explica tu razonamiento. Si los datos de la clase de la señora R contienen valores extremos, vuelve a dibujar tu diagrama de caja para mostrar qué valores son extremos.

Problema 4.2 continuación

D 1. Calcula la media de los datos de la clase del señor K. Luego, calcula la media y la mediana de los datos de la clase del señor K sin los valores extremos.

2. Los valores extremos de los datos de la clase del señor K, ¿influyen más en la mediana o en la media? Explícalo.

3. Considera lo que sabes sobre los valores extremos de los datos. ¿Cambia esto tu respuesta a la Pregunta B? Explícalo.

E En la Investigación 2, usaste las palabras *simétrica* y *asimétrica* para describir las formas de las distribuciones. Estas descripciones también se pueden aplicar a las distribuciones representadas por diagramas de caja.

A continuación hay tres diagramas de caja. Muestran distribuciones simétricas y asimétricas.

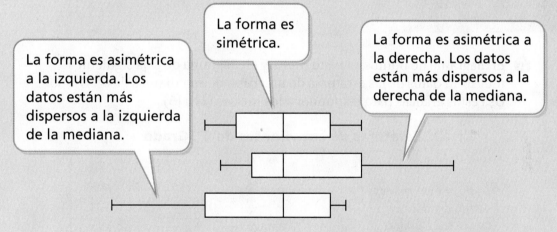

La forma es simétrica.

La forma es asimétrica a la izquierda. Los datos están más dispersos a la izquierda de la mediana.

La forma es asimétrica a la derecha. Los datos están más dispersos a la derecha de la mediana.

1. ¿De qué manera la ubicación de la mediana en un diagrama de caja da información sobre su forma?

2. ¿Cómo describirías la forma de los datos de la clase del señor K?

3. ¿Cómo describirías la forma de los datos de la clase de la señora R?

4. ¿Cómo te ayuda la forma de cada distribución a comparar las dos clases?

ACA La tarea comienza en la página 98.

4.3 ¿Cuánto más alto es un estudiante de 6°. Grado que otro de 2°. Grado?

Tomar en cuenta la variabilidad

Puedes usar varias mediciones físicas, como la estatura, para describir a las personas. En este Problema, compararás las estaturas de estudiantes de 6°. Grado con las estaturas de estudiantes de 2°. Grado.

Es importante identificar qué gráficas son las más útiles para responder a diferentes preguntas. Has usado distintos tipos de gráficas en esta Unidad: diagramas de puntos, histogramas y diagramas de caja. Al responder a las preguntas de este Problema, piensa en qué gráficas son las más útiles.

- ¿Cuánto más alto es un estudiante de 6°. Grado que uno de 2°. Grado?

Problema 4.3

Ⓐ El diagrama de puntos, el histograma y el diagrama de caja siguientes muestran datos de las estaturas de un grupo de estudiantes de 6°. Grado. Usa estas gráficas para responder a los incisos (1) a (5).

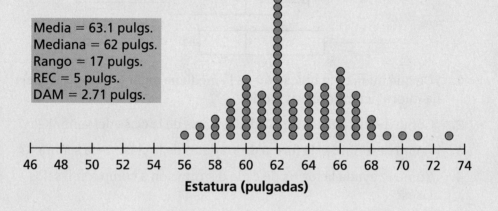

Estaturas de estudiantes de 6°. Grado

Media = 63.1 pulgs.
Mediana = 62 pulgs.
Rango = 17 pulgs.
REC = 5 pulgs.
DAM = 2.71 pulgs.

Estatura (pulgadas)

Problema 4.3 continuación

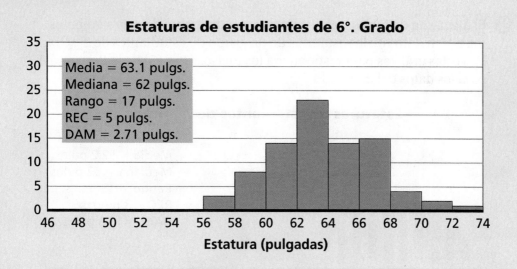

Estaturas de estudiantes de 6°. Grado

Media = 63.1 pulgs.
Mediana = 62 pulgs.
Rango = 17 pulgs.
REC = 5 pulgs.
DAM = 2.71 pulgs.

Estatura (pulgadas)

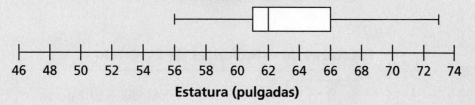

Estaturas de estudiantes de 6°. Grado

Estatura (pulgadas)

1. Usa una o más de las gráficas para hallar el número de estudiantes que hay en el grupo. Explica tu razonamiento.

2. ¿Qué observas sobre los valores y su distribución? Explica qué gráfica es la más útil para describir la distribución.

3. Describe cualquier grupo o brecha en la distribución. Explica qué gráfica es la más útil para identificar grupos o brechas.

4. Describe la dispersión de la distribución. ¿Qué valores ocurren con frecuencia? ¿Qué valores son poco frecuentes? ¿Qué tan cerca están los valores? Explica qué gráfica es la más útil para describir cómo varían los datos.

5. Describe en qué se parecen el diagrama de puntos, el histograma y el diagrama de caja que muestran los datos. Describe en qué se diferencian.

continúa en la página siguiente >

Problema **4.3** *continuación*

B El diagrama de puntos, el histograma y el diagrama de caja siguientes muestran datos de las estaturas de un grupo de estudiantes de 2°. Grado. Usa estas gráficas para responder a los incisos (1) a (5) de la Pregunta A para los datos del 2°. Grado.

Estaturas de estudiantes de 2°. Grado

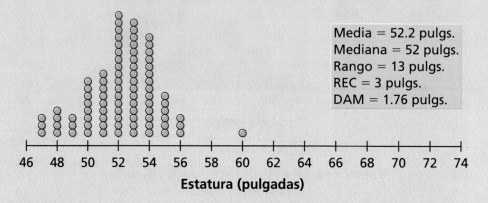

Media = 52.2 pulgs.
Mediana = 52 pulgs.
Rango = 13 pulgs.
REC = 3 pulgs.
DAM = 1.76 pulgs.

Estaturas de estudiantes de 2°. Grado

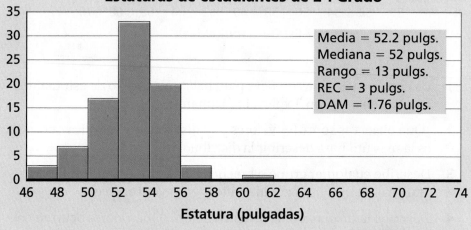

Media = 52.2 pulgs.
Mediana = 52 pulgs.
Rango = 13 pulgs.
REC = 3 pulgs.
DAM = 1.76 pulgs.

Estaturas de estudiantes de 2°. Grado

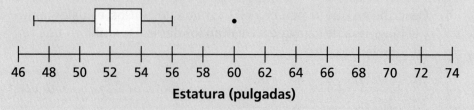

Problema **4.3** *continuación*

C Compara las gráficas de los estudiantes de 6°. Grado con las gráficas de los estudiantes de 2°. Grado. Para los incisos (1) a (4), considera la pregunta siguiente.

¿Cuánto más alto es un estudiante de 6°. Grado que un estudiante de 2°. Grado?

1. Usa los diagramas de puntos, las medias y las medianas de los dos conjuntos de datos para responder a la pregunta. Explica tu razonamiento.

2. Usa los histogramas, las medias y las medianas de los dos conjuntos de datos para responder a la pregunta. Explica tu razonamiento.

3. Usa los diagramas de caja y las medianas de los dos conjuntos de datos para responder a la pregunta. Explica tu razonamiento.

4. Supón que estás escribiendo un informe para responder a la pregunta anterior. ¿Qué tipo de gráficas escogerías mostrar? Explícalo.

D Usa el rango, el REC y la DAM para las distribuciones de los estudiantes de 2°. y de 6°. Grados. ¿Está una distribución más dispersa que la otra? Explícalo.

E Supón que te piden escribir un informe que responda a la pregunta de abajo. ¿Cómo recopilarías datos para responder a la pregunta? ¿Cómo mostrarías los datos? ¿Qué mediciones harías?

¿Cuánto más alto es un estudiante de 8°. Grado que un estudiante de 6°. Grado?

 La tarea comienza en la página 98.

¿Lo sabías?
....

Los patrones de crecimiento de los seres humanos cambian con el tiempo. Mientras que la estatura de las personas cambia de manera significativa durante sus últimos años de la adolescencia y los primeros años como joven adulto, su cabeza crece mucho más despacio después de la niñez.

Crecimiento de la cabeza y del cuerpo en el tiempo

La longitud de la cabeza de un **bebé** es un cuarto de su estatura total.

2 años de edad

6 años de edad

12 años de edad

La longitud de la cabeza de un **adulto** es un séptimo de su estatura total.

Aplicaciones

En los Ejercicios 1 a 4, usa el diagrama de puntos y los histogramas siguientes. Las gráficas muestran el número de minutos que tardan los estudiantes de una clase en llegar a la escuela.

Tiempos que tardan los estudiantes en llegar a la escuela

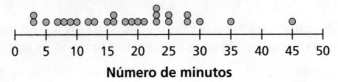

Número de minutos

Tiempos que tardan los estudiantes en llegar a la escuela

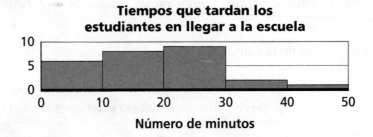

Número de minutos

Tiempos que tardan los estudiantes en llegar a la escuela

Número de minutos

1. ¿Cuántos estudiantes tardan exactamente 10 minutos en llegar a la escuela?

2. ¿Qué histograma puedes usar para determinar cuántos estudiantes tardan al menos 15 minutos en llegar a la escuela? Explica tu razonamiento.

3. ¿Cuántos estudiantes hay en la clase? Explica cómo puedes usar uno de los histogramas para hallar tu respuesta.

4. ¿Cuál es la mediana de los tiempos que tardan los estudiantes en llegar a la escuela? Explica tu razonamiento.

En los Ejercicios 5 a 9, usa las gráficas siguientes. Las gráficas comparan el porcentaje de jugo real que se encuentra en diferentes bebidas de jugos.

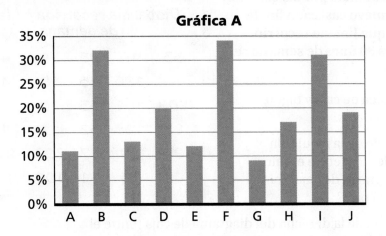

Gráfica A

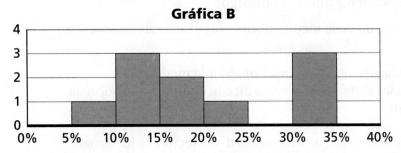

Gráfica B

5. **a.** ¿Qué bebida(s) de jugo tiene(n) el mayor porcentaje de jugo real? ¿Y el menor porcentaje de jugo real? ¿Qué gráfica usaste para hallar tu respuesta? Explica por qué escogiste esa gráfica.

b. Para cada jugo que nombraste en el inciso (a), ¿qué porcentaje de jugo real contiene la bebida? ¿Qué gráfica usaste? Explícalo.

6. **a.** ¿Qué gráfica usarías para hallar el porcentaje de jugo real que hay en una bebida de jugo típica? Explica tu razonamiento.

b. ¿Cuál es el porcentaje típico de jugo real? Explica tu razonamiento.

7. ¿Qué título y rótulos de ejes serían apropiados para la Gráfica A? ¿Y para la Gráfica B?

8. Si te dieran solo la Gráfica A, ¿tendrías suficiente información para dibujar la Gráfica B? Explica tu razonamiento.

9. Si te dieran solo la Gráfica B, ¿tendrías suficiente información para dibujar la Gráfica A? Explica tu razonamiento.

En los Ejercicios 10 a 12, usa la información siguiente.

A Jimena le gusta ir de caminata por las colinas. Ella maneja a un lugar nuevo casi cada fin de semana. Las distancias que Jimena recorrió cada semana los últimos 30 fines de semana se enlistan a la derecha.

Distancia recorrida cada fin de semana				
33	10	95	71	4
38	196	85	19	4
209	101	63	10	4
27	128	32	11	213
95	10	77	200	27
62	73	11	100	16

10. a. Dibuja una gráfica de caja y bigotes para mostrar los datos.

b. ¿Por qué el bigote de la izquierda del diagrama de caja (entre el valor mínimo del diagrama de caja y el Cuartil 1) es tan corto?

c. ¿Por qué el bigote de la derecha del diagrama de caja (entre el Cuartil 3 y el valor máximo) es tan largo?

d. ¿Qué información da la mediana sobre las distancias que recorrió Jimena?

e. Halla la media de las distancias. Compara la media y la mediana de las distancias. ¿Qué te dice tu comparación sobre la distribución?

11. a. Dibuja un histograma que muestre la distribución de los datos. Usa un tamaño de intervalo de 20 millas.

b. ¿Cuántos fines de semana manejó Jimena al menos 20 millas pero menos de 40 millas? Explica cómo puedes usar el histograma para hallar tu respuesta.

c. ¿Cuántos fines de semana manejó Jimena 100 millas o más? Explica cómo puedes usar el histograma para hallar tu respuesta.

d. Usa la mediana que hallaste en el Ejercicio 10. ¿En qué intervalo del histograma está la mediana? ¿Cómo es esto posible?

12. Considera el diagrama de caja que hiciste en el Ejercicio 10 y el histograma que hiciste en el Ejercicio 11.

a. Compara la forma del histograma con la forma del diagrama de caja.

b. ¿Cómo se relaciona la altura de la primera barra del histograma con la longitud del bigote izquierdo del diagrama de caja?

c. ¿De qué manera te ayuda el histograma a entender la longitud del bigote derecho del diagrama de caja?

En los Ejercicios 13 y 14, usa los datos de saltar la cuerda del Problema 4.2.

13. Dibuja dos diagramas de caja para comparar un género de la clase de la señora R con el mismo género de la clase del señor K. Por ejemplo, haz diagramas de caja para comparar las niñas de las dos clases o los niños de las dos clases. ¿Lo hicieron mejor las niñas (o los niños) de una clase que las niñas (o los niños) de la otra clase? Explica tu razonamiento.

14. Haz un diagrama de caja para todas las niñas de la clases de la señora R y del señor K juntas. Haz un diagrama de caja para todos los niños de las clases de la señora R y del señor K juntas. Compara los diagramas de caja. ¿Quiénes lo hicieron mejor: los niños o las niñas? Explica tu razonamiento.

15. Opción múltiple ¿Qué valor NO es necesario para construir un diagrama de caja?

  A. cuartil superior

  B. valor mínimo

  C. mediana

  D. media

16. Tim y Karina usaron el diagrama de caja siguiente.

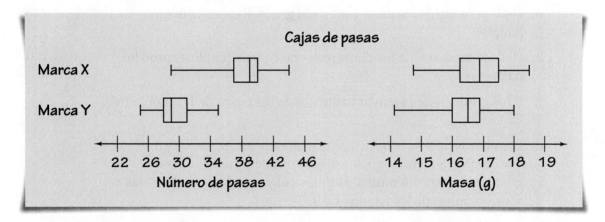

Tim dice que las pasas de la Marca X son una compra mejor que las pasas de la Marca Y, porque la Marca X tiene más pasas en cada caja. Karina dice que como cada caja tiene una masa de 14 gramos aproximadamente, las marcas te dan la misma cantidad por tu dinero. ¿Con quién estás de acuerdo, con Tim o con Karina? Explícalo.

En los Ejercicios 17 a 19, usa los diagramas de puntos siguientes. Los diagramas de puntos muestran los pesos de las mochilas de los estudiantes de los Grados 1, 3, 5 y 7.

Pesos de las mochilas del Grado 1

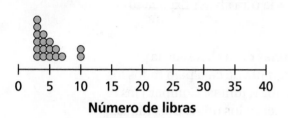

Número de libras

Pesos de las mochilas del Grado 3

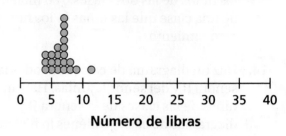

Número de libras

Pesos de las mochilas del Grado 5

Número de libras

Pesos de las mochilas del Grado 7

Número de libras

17. Usa los diagramas de puntos de arriba.

   a. Halla el rango de los datos para cada grado. Explica cómo lo hallaste.

   b. Halla la mediana de los datos para cada grado. Explica cómo la hallaste.

   c. ¿Qué grado tiene la mayor variación de los pesos de las mochilas? Explícalo.

   d. Los rangos de los pesos de las mochilas de los Grados 1 y 3 son iguales. Sin embargo, los diagramas de puntos de esos grados son muy diferentes. Identifica algunas diferencias en las distribuciones de los Grados 1 y 3.

18. Los diagramas de caja muestran los datos de los diagramas de puntos de la página anterior.

A. **Pesos de las mochilas**

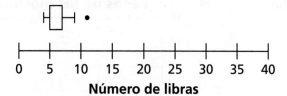

Número de libras

B. **Pesos de las mochilas**

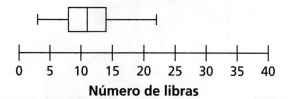

Número de libras

C. **Pesos de las mochilas**

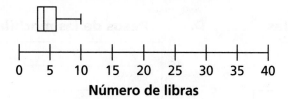

Número de libras

D. **Pesos de las mochilas**

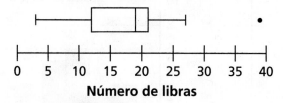

Número de libras

a. ¿Qué diagrama de caja muestra la distribución del Grado 1? Explícalo.

b. ¿Qué diagrama de caja muestra la distribución del Grado 3? Explícalo.

c. ¿Qué diagrama de caja muestra la distribución del Grado 5? Explícalo.

d. ¿Qué diagrama de caja muestra la distribución del Grado 7? Explícalo.

e. Describe la forma de cada distribución. En cada una, indica si es simétrica o asimétrica. Explica tu razonamiento.

19. Los histogramas siguientes muestran los mismos conjuntos de datos que los diagramas de puntos y los diagramas de caja de las páginas anteriores.

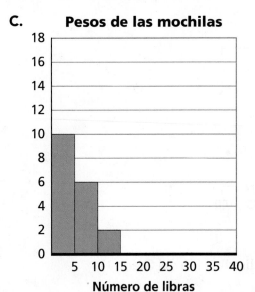

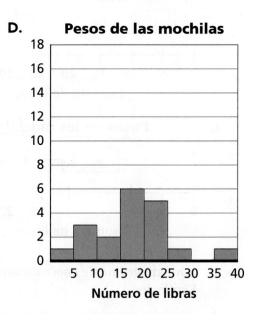

a. ¿Qué histograma muestra la distribución del Grado 1? Explícalo.

b. ¿Qué histograma muestra la distribución del Grado 3? Explícalo.

c. ¿Qué histograma muestra la distribución del Grado 5? Explícalo.

d. ¿Qué histograma muestra la distribución del Grado 7? Explícalo.

e. Describe la forma de cada distribución. En cada una, indica si es simétrica o asimétrica. Explica tu razonamiento.

En los Ejercicios 20 a 23, usa los diagramas de caja siguientes.
Cada diagrama de caja muestra la distribución de las estaturas de
30 estudiantes de varios grados.

**Estaturas de estudiantes de
escuela intermedia**

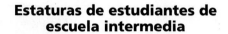

8°. Grado

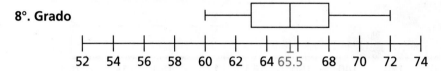

7°. Grado

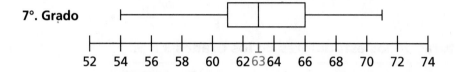

6°. Grado

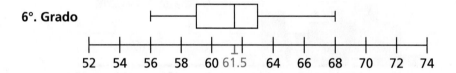

5°. Grado

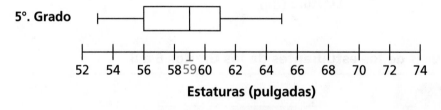

Estaturas (pulgadas)

20. ¿Cuánto más alto es un estudiante de 8°. grado que uno de 7°. grado?
Explica tu razonamiento.

21. En promedio, ¿cuánto crecen los estudiantes desde que están en
5°. grado hasta que llegan a 8°. grado? Explícalo

22. Describe la forma de la distribución del 6°. grado. ¿Es simétrica o
asimétrica? Explícalo.

23. Describe la forma de la distribución del 8°. grado. ¿Es simétrica o
asimétrica? Explícalo.

En los Ejercicios 24 a 26, usa los histogramas siguientes. Cada histograma muestra las estaturas de 30 estudiantes de diversos grados.

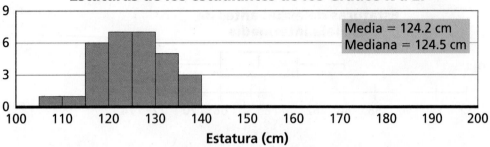

Estaturas de los estudiantes de los Grados K a 2.

Media = 124.2 cm
Mediana = 124.5 cm

Estatura (cm)

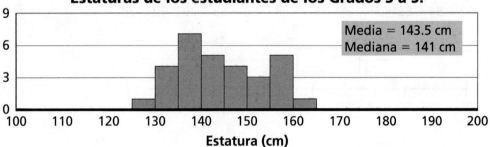

Estaturas de los estudiantes de los Grados 3 a 5.

Media = 143.5 cm
Mediana = 141 cm

Estatura (cm)

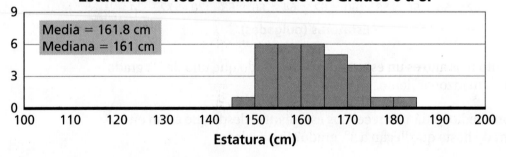

Estaturas de los estudiantes de los Grados 6 a 8.

Media = 161.8 cm
Mediana = 161 cm

Estatura (cm)

24. En promedio, ¿cuánto más alto es un estudiante de los Grados 6 a 8 que un estudiante de los Grados K a 2? Explícalo.

25. En promedio, ¿cuánto más alto es un estudiante de los Grados 6 a 8 que un estudiante de los Grados 3 a 5? Explícalo.

26. ¿En qué se diferencia la forma del histograma de los Grados 3 a 5 de los otros histogramas? ¿Por qué crees que sea así?

Conexiones

27. Supón que la suma de los valores de un conjunto de datos es 250 y la media es 25.

   a. Escribe un conjunto de datos que corresponda a esta descripción.

   b. ¿Crees que otros estudiantes de tu clase hayan escrito el mismo conjunto de datos que tú? Explícalo.

   c. ¿Cuál es la mediana de tu conjunto de datos? ¿Tiene que tener la mediana de un conjunto de datos un valor cercano a la media? Explícalo.

28. Cada uno de los estudiantes de una clase de 7°. grado escogió de manera aleatoria un número del 1 al 10. La tabla siguiente muestra los resultados.

Número escogido	Porcentaje que escogió el número
1	1%
2	5%
3	12%
4	11%
5	10%
6	12%
7	30%
8	9%
9	7%
10	3%

   a. Dibuja una gráfica de barras de los datos.

   b. Según los datos, ¿tiene cualquier número del 1 al 10 la misma probabilidad de que lo escojan?

   c. ¿Cuál es la moda de los datos?

   d. Nueve estudiantes escogieron el número 5. ¿Cuántos estudiantes hay en 7°. grado? Explícalo.

29. La puntuación media de Mónica en seis pruebas de álgebra es 79.5. Ella perdió una prueba. Sus puntuaciones en las otras pruebas son 82, 71, 83, 91 y 78. ¿Cuál es la puntuación que le falta?

30. La tabla muestra datos de las estaturas y las edades de dos equipos profesionales de básquetbol 2012-2013.

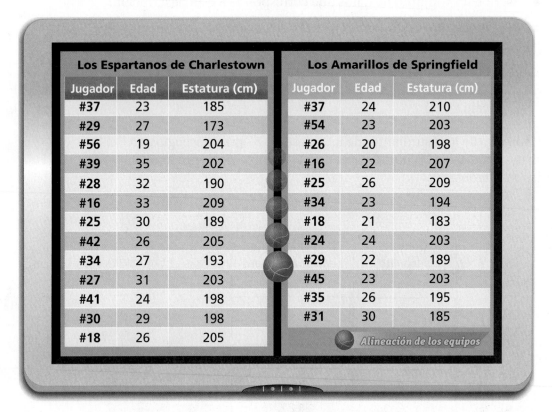

Los Espartanos de Charlestown

Jugador	Edad	Estatura (cm)
#37	23	185
#29	27	173
#56	19	204
#39	35	202
#28	32	190
#16	33	209
#25	30	189
#42	26	205
#34	27	193
#27	31	203
#41	24	198
#30	29	198
#18	26	205

Los Amarillos de Springfield

Jugador	Edad	Estatura (cm)
#37	24	210
#54	23	203
#26	20	198
#16	22	207
#25	26	209
#34	23	194
#18	21	183
#24	24	203
#29	22	189
#45	23	203
#35	26	195
#31	30	185

Alineación de los equipos

a. Compara las edades de los dos equipos. Usa estadísticas y gráficas para apoyar tu respuesta.

b. Compara las estaturas de los dos equipos. Usa estadísticas y gráficas para apoyar tu respuesta.

c. Basándote en los datos de estos dos equipos, ¿qué edad tiene un jugador profesional típico de básquetbol? ¿Qué estatura tiene un jugador profesional típico de básquetbol? ¿Crees que tus generalizaciones son precisas? ¿Por qué?

Ampliaciones

31. Alejandro y Katya están investigando información sobre beisbol. Descubren que las duraciones de los partidos de beisbol varían de un partido a otro. La gráfica siguiente muestra los datos que Alejandro y Katya recopilaron sobre la duración de los partidos de beisbol.

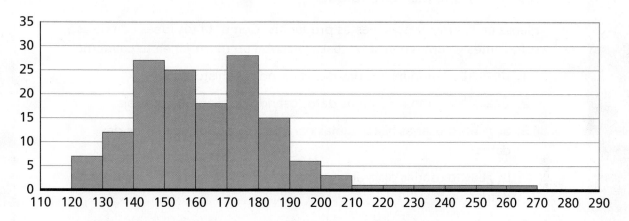

a. ¿Qué título y qué rótulos de los ejes serían apropiados para esta gráfica?

b. Describe la forma de la gráfica. ¿Qué te indica la forma sobre la duración de un partido de beisbol típico?

c. ¿Cuántos partidos hay representados en la gráfica?

d. Estima el cuartil inferior, la mediana y el cuartil superior de la distribución de los datos. ¿Qué te indican estas estadísticas sobre la duración de un partido de beisbol típico?

32. Cada gráfica de caja y bigotes siguiente tiene una mediana de 4. Para cada gráfica, da un conjunto de datos posible que dé como resultado esta distribución.

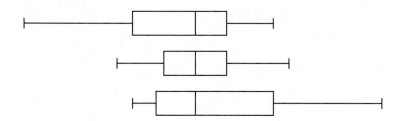

En esta Investigación, dibujaste diagramas de caja e histogramas para organizar los datos en grupos o intervalos. También usaste histogramas y diagramas de cajas para analizar y comparar las distribuciones de los datos. Estas preguntas te ayudarán a resumir lo que has aprendido.

Piensa en tus respuestas a estas preguntas. Comenta tus ideas con otros estudiantes y con tu maestro. Luego, escribe un resumen en tu cuaderno.

1. **Describe** cómo mostrarías datos usando un histograma.

2. **Describe** cómo mostrarías datos usando un diagrama de caja.

3. a. **¿Cómo** usarías histogramas para comparar dos conjuntos de datos?

   b. **¿Cómo** usarías diagramas de caja para comparar dos conjuntos de datos?

4. Los datos numéricos se pueden mostrar usando más de un tipo de gráfica. **¿Cómo** decides cuándo usar un diagrama de puntos, una gráfica de barras, un histograma o un diagrama de caja?

Estándares comunes de prácticas matemáticas

Al trabajar en los problemas de esta Investigación, usaste conocimientos previos para encontrarles sentido. También aplicaste prácticas matemáticas para resolverlos. Piensa en el trabajo que hiciste, las maneras en que pensaste acerca de los problemas y cómo usaste las prácticas matemáticas.

Ken describió sus reflexiones de la siguiente manera:

> Durante el Problema 4.3 y el resto de la Investigación, nos dimos cuenta de que los histogramas y los diagramas de caja agrupan datos. No se ven valores individuales en esos tipos de gráfica. Los histogramas agrupan los datos en los intervalos que tú escojas. Los diagramas de caja agrupan los datos en cuartiles. Los cuartiles agrupan los datos en cuatro partes iguales.
>
> Es fácil usar gráficas que muestran valores individuales cuando los valores no están dispersos y no son demasiados. Cuando los valores están dispersos o son muchos, es más fácil usar gráficas que agrupen los datos.

Estándares estatales comunes para prácticas matemáticas (PM)

PM4 Representar con modelos matemáticos.

- ¿Qué otras prácticas matemáticas puedes identificar en el razonamiento de Ken?

- Describe una práctica matemática que tus compañeros de clase y tú usaron para resolver un problema diferente de esta Investigación.

¿Hay alguien típico?

Usa lo que has aprendido en esta Unidad para realizar una investigación estadística. Responde a la pregunta

"¿Cuáles son algunas de las características de un estudiante típico de escuela intermedia?"

Completa tu recopilación de datos, el análisis y la interpretación. Luego, haz un cartel, escribe un informe o halla otra manera de mostrar tus resultados. Tu investigación estadística debe constar de cuatro partes.

Parte 1: Hacer preguntas

Decide qué información recopilar. Debes recopilar datos numéricos y datos por categorías. Tus datos pueden incluir características físicas y familiares, conductas, y preferencias u opiniones.

Luego, escribe preguntas claras y apropiadas para tu encuesta. Cada persona que responda a la encuesta debe entender las preguntas. Puedes dar opciones de respuesta a algunas preguntas. Por ejemplo, en lugar de preguntar "¿Cuál es tu película favorita?" puedes preguntar "¿Cuál de las siguientes películas es tu favorita?" e incluir una lista de varias opciones.

Parte 2: Recopilar datos

Puedes recopilar datos de tu clase o de un grupo más grande de estudiantes. Decide cómo distribuir y recoger la encuesta.

Parte 3: Analizar los datos

Organiza, muestra y analiza tus datos. Piensa en las maneras de mostrarlos y en las medidas de tendencia central y de dispersión que sean las más apropiadas para cada conjunto de datos.

Parte 4: Interpretar los resultados

Usa los resultados de tu análisis para describir algunas características del estudiante típico de escuela intermedia. ¿Hay algún estudiante que tenga todas las características "típicas" que hallaste? Explícalo.

Los problemas de esta Unidad te ayudaron a entender el proceso de una investigación estadística. Aprendiste a

- distinguir entre datos numéricos y datos por categorías

- organizar y representar datos con tablas, diagramas de puntos, gráficas de barras de frecuencia, gráficas de barras de valores ordenados, histogramas y gráficas de caja y bigotes

- calcular e interpretar medidas de tendencia central y medidas de dispersión

- comparar dos o más distribuciones de datos

Usa lo que sabes: Datos y estadística

En las investigaciones estadísticas puedes recopilar y analizar datos como ayuda para dar sentido al mundo que te rodea. Sigue estos pasos cuando tengas que realizar una investigación.

- Haz preguntas.
- Recopila datos.
- Analiza los datos.
- Interpreta los resultados.

En los Ejercicios 1 a 4, usa la información siguiente.

Resultados de la encuesta de dueños de mascotas

- Más de 70 millones de hogares de los Estados Unidos tienen una mascota.
- Aproximadamente 6 de cada 10 hogares de los Estados Unidos tienen al menos una mascota.
- Aproximadamente dos quintos de los dueños de mascotas tienen más de una.

1. ¿Qué preguntas crees que se hicieron en esta encuesta?

2. ¿Qué preguntas del inciso (1) recopilaron datos por categorías? ¿Y datos numéricos? Explica tu razonamiento.

3. ¿Qué tipos de personas crees que hayan respondido a la encuesta?

4. ¿Quiénes podrían estar interesados en los resultados?

Explica tu razonamiento

5. Tyler decidió hacer una encuesta entre sus compañeros de clase. Hizo dos preguntas.

¿Cuál es tu mascota favorita?

¿Cuántas mascotas tienes?

Cada compañero respondió a las preguntas usando los sistemas de respuesta de los estudiantes. Las respuestas aparecieron en el pizarrón.

Encuesta sobre mascotas

2	3	3	17	gato	caballo	vaca	conejo
5	9	5	0	perro	perro	gato	gato
6	2	6	1	gato	pato	conejo	ave
1	5	14	6	vaca	perro	perro	caballo
8	3	2	2	ave	cabra	pez	cerdo
1	2	3		perro	perro	conejo	
0	4	21		caballo	pez	perro	

a. ¿Qué conjunto de datos corresponde a cada pregunta? Explica tu razonamiento.

b. ¿Qué conjunto de datos incluye datos por categorías?

c. ¿Qué conjunto de datos incluye datos numéricos?

d. Haz una tabla de frecuencias para cada conjunto de datos.

6. ¿Qué tipos de gráficas se pueden usar para mostrar datos por categorías? Explica tu razonamiento.

7. ¿Qué tipos de gráficas se pueden usar para mostrar datos numéricos? Explica tu razonamiento.

En los Ejercicios 8 a 11, usa la información siguiente.

El dueño de una tienda local de velas se pregunta cuál de sus productos es el que más dura. Entonces, hace un experimento. Anota el número de minutos que cada vela dura encendida. Él completa 15 pruebas para cada tipo de vela.

Duración de una vela encendida (minutos)

Prueba	Vela brillante	Vela de llama	Vela iridiscente
1	60	66	68
2	49	68	65
3	58	56	44
4	57	59	59
5	61	61	51
6	53	64	58
7	57	53	61
8	60	51	63
9	61	60	49
10	62	50	56
11	58	64	59
12	56	60	62
13	61	58	64
14	59	51	57
15	58	49	54

8. Para cada tipo de vela, halla la mediana del tiempo que dura encendida. Halla el REC. Explica cómo hallaste la mediana y el REC.

9. Para cada tipo de vela, halla la media del tiempo que dura encendida. Halla la DAM. Explica cómo hallaste la media y la DAM.

10. Los diagramas de puntos, histogramas y diagramas de caja siguientes muestran datos de dos de las velas. Para cada gráfica, identifica la vela.

Diagrama de puntos A

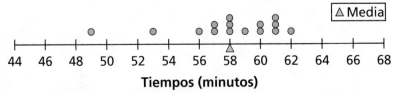

Tiempos (minutos)

Diagrama de puntos C

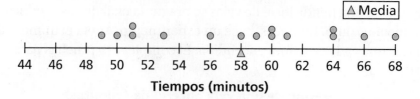

Tiempos (minutos)

Histograma E

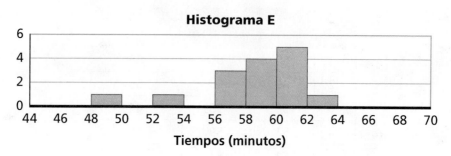

Tiempos (minutos)

Histograma F

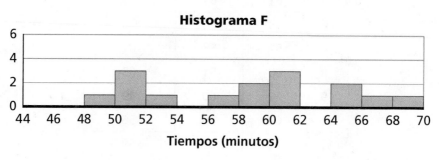

Tiempos (minutos)

Diagrama de caja G

Diagrama de caja H

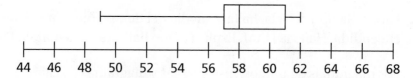

11. Usa tus respuestas de los Ejercicios 8 a 10. ¿Qué vela dura encendida por más tiempo? ¿Y por menos tiempo? Explícalo.

A **analizar** Vocabulario académico
Pensar para comprender datos y detalles sobre un conjunto determinado de información dada. Analizar puede incluir un resumen escrito apoyado por información real, un diagrama, una gráfica, una tabla o una combinación de estos.

términos relacionados *examinar, evaluar, determinar, observar, investigar*

ejemplo Analiza los siguientes datos para hallar la media y la moda.

Tiempo para ir a la escuela

Estudiante	Krista	Mike	Lupe	Kareem
Tiempo (minutos)	10	15	20	10

analyze Academic Vocabulary
To think about and understand facts and details about a given set of information. Analyzing can involve providing a written summary supported by factual information, a diagram, chart, table, or a combination of these.

related terms *examine, evaluate, determine, observe, investigate*

sample Analyze the following data to find the mean and the mode.

Getting to School

Student	Krista	Mike	Lupe	Kareem
Time (min)	10	15	20	10

atributo Un atributo es una característica o cualidad que está siendo investigada.

attribute An attribute is a characteristic or feature that is being investigated.

B **brecha** Un valor o varios valores consecutivos, entre los valores de datos mínimo y máximo observados, donde no se produjo ningún valor de datos.

Por ejemplo, considera el conjunto de datos 2, 2, 2, 2, 3, 3, 7, 7, 8, 9, 10, 11. Hay un *grupo* de valores de datos en 2 (o de 2 a 3) y una *brecha* entre los valores de datos 3 y 7.

gap A value or several consecutive values, between the minimum and maximum observed data values, where no data value occurred.

For example, consider the data set 2, 2, 2, 2, 3, 3, 7, 7, 8, 9, 10, 11. There is a *cluster* of data values at 2 (or from 2 to 3) and a *gap* between data values 3 and 7.

C **cuartil** Uno de los tres puntos que dividen un conjunto de datos en cuatro grupos iguales. El segundo cuartil, C2, es la mediana del conjunto de datos. El primer cuartil, C1, es la mediana de la mitad inferior del conjunto de datos. El tercer cuartil, C3, es la mediana de la mitad superior del conjunto de datos.

quartile One of three points that divide a data set into four equal groups. The second quartile, Q2, is the median of the data set. The first quartile, Q1, is the median of the lower half of the data set. The third quartile, Q3, is the median of the upper half of the data set.

cuartil inferior La mediana de los datos a la izquierda de la mediana (asumiendo que los datos indicados van de menor a mayor).

Por ejemplo, considera un conjunto de un número impar de datos:

$$1, 2, 5, 6, 7, 8, 8, 10, 12, 15, 20$$

Hay 11 valores de datos. La mediana del conjunto de datos es 8. (Seis valores están en o encima de 8 y seis están en o debajo de 8). La mediana de los datos a la izquierda de la mediana (1, 2, 5, 6, 7) es 5. El cuartil inferior es 5.

Ahora considera un conjunto de un número par de datos:

$$2, 3, 4, 5, 6, 6, 8, 8$$

Hay ocho valores de datos. La mediana del conjunto de datos es 5.5, el promedio de 5 y 6. Los valores de datos a la izquierda de la mediana son 2, 3, 4 y 5. La mediana de estos valores es 3.5. El cuartil inferior es 3.5.

lower quartile The median of the data to the left of the median (assuming the data are listed from least value to greatest value).

For example, consider a data set with an odd number of items:

$$1, 2, 5, 6, 7, 8, 8, 10, 12, 15, 20$$

There are 11 items. The median of the data set is 8. (Six values are at or below 8 and six are at or above 8.) The median of the data to the left of the median (1, 2, 5, 6, 7) is 5. The lower quartile is 5.

Now consider a data set with an even number of items:

$$2, 3, 4, 5, 6, 6, 8, 8$$

There are eight items. The median of the data set is 5.5, the average of 5 and 6. The data items to the left of the median are 2, 3, 4, and 5. The median of these values is 3.5. The lower quartile is 3.5.

---

cuartil superior La mediana de los datos a la derecha de la mediana (asumiendo que los datos indicados van de menor a mayor).

Por ejemplo, considera un conjunto de un número impar de datos:

$$1, 2, 5, 6, 7, 8, 8, 10, 12, 15, 20$$

Hay 11 valores de datos. La mediana del conjunto de datos es 8. (Seis valores están en o encima de 8 y seis están en o debajo de 8). La mediana de los datos a la derecha de la mediana (8, 10, 12, 15 y 20) es 12. El cuartil superior es 12.

Ahora considera un conjunto de un número par de datos:

$$2, 3, 4, 5, 6, 6, 8, 8$$

Hay ocho valores de datos. La mediana del conjunto de datos es 5.5, el promedio de 5 y 6. Los valores de datos a la derecha de la mediana son 6, 6, 8 y 8. La mediana de estos valores es 7, el promedio de 6 y 8. El cuartil superior es 7.

upper quartile The median of the data to the right of the median (assuming the data are listed from least value to greatest value).

For example, consider a data set with an odd number of items:

$$1, 2, 5, 6, 7, 8, 8, 10, 12, 15, 20$$

There are 11 items. The median of the data set is 8. (Six values are at or below 8 and six are at or above 8.) The median of the data to the right of the median (8, 10, 12, 15, and 20) is 12. The upper quartile is 12.

Now consider a data set with an even number of items:

$$2, 3, 4, 5, 6, 6, 8, 8$$

There are eight items. The median of the data set is 5.5, the average of 5 and 6. The data items to the right of the median are 6, 6, 8, and 8. The median of these values is 7, the average of 6 and 8. The upper quartile is 7.

D **datos** Valores como los conteos, las calificaciones, las mediciones o las opiniones que se recopilan para responder a las preguntas. Los datos de la siguiente tabla muestran las temperaturas medias en tres ciudades.

Temperaturas medias diarias

Ciudad	Temperatura media (°F)
Mobile, AL	67.5
Boston, MA	51.3
Spokane, WA	47.3

data Values such as counts, ratings, measurements, or opinions that are gathered to answer questions. The table below shows data for mean temperatures in three cities.

Daily Mean Temperatures

City	Mean Temperature (°F)
Mobile, AL	67.5
Boston, MA	51.3
Spokane, WA	47.3

datos categóricos Los conjuntos de datos no numéricos son categóricos. Por ejemplo, las respuestas a "¿En qué mes naciste? " son datos categóricos. Los conteos de frecuencia se pueden hacer a partir de los valores de una categoría dada. La siguiente tabla muestra ejemplos de categorías y sus posibles valores.

Categoría	Valores posibles
Mes de nacimiento de las personas	enero, febrero, marzo
Color preferido para vestir	magenta, azul, amarillo
Tipos de mascotas que tienen las personas	gatos, perros, peces, caballos

categorical data Non-numerical data sets are categorical. For example, the responses to "What month were you born?" are categorical data. Frequency counts can be made of the values for a given category. The table below shows examples of categories and their possible values.

Category	Possible Values
Month people are born	January, February, March
Favorite color to wear	magenta, blue, yellow
Kinds of pets people have	cats, dogs, fish, horses

datos numéricos Valores que son números como conteos, mediciones y calificaciones. Los siguientes son algunos ejemplos.

- Número de hijos e hijas en las familias
- Pulsaciones por minuto (número de latidos del corazón por minuto)
- Estaturas
- Cantidades de tiempo que las personas pasan leyendo en un día
- Calificaciones como: en una escala de1 a 5, en la que 1 representa "poco interés", ¿cómo calificarías tu interés por participar en el día de maniobras de tu escuela?

numerical data Values that are numbers such as counts, measurements, and ratings. Here are some examples.

- Number of children in families
- Pulse rates (number of heart beats per minute)
- Heights
- Amounts of time people spend reading in one day
- Ratings such as: on a scale of 1 to 5 with 1 as "low interest," how would you rate your interest in participating in the school's field day?

desviación absoluta media (DAM) La distancia media de todos los valores de datos en un conjunto de datos a partir de la media de la distribución.

mean absolute deviation (MAD) The average distance of all of the data values in a data set from the mean of the distribution.

diagrama de puntos Una manera de organizar los datos a lo largo de una recta numérica donde las ✗ (u otros símbolos) colocadas encima de un número representan la frecuencia con que se menciona cada valor.

line plot A way to organize data along a number line where the ✗s (or other symbols) above a number represent how often each value is mentioned. A line plot made with dots is sometimes referred to as a dot plot.

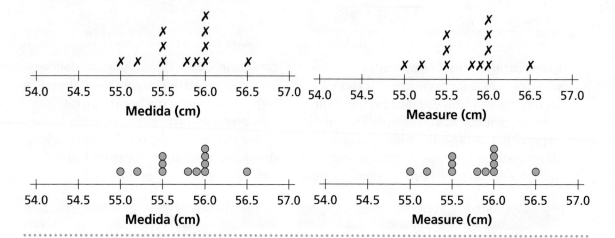

distribución Todo el conjunto de valores de datos recopilados, organizados para mostrar su frecuencia de incidencia. Una distribución se puede describir usando la estadística sumaria y/o haciendo referencia a su forma.

distribution The entire set of collected data values, organized to show their frequency of occurrence. A distribution can be described using summary statistics and/or by referring to its shape.

distribución asimétrica Cualquier distribución que no es simétrica alrededor de la media.

skewed distribution Any distribution that is not symmetrical about the mean.

distribución simétrica Una distribución en la que la media y la mediana son iguales o casi iguales y en la que los valores por encima y por debajo de la media forman una imagen reflejada aproximada.

symmetric distribution A distribution in which the mean and median are the same or almost the same, and in which the values above and below the mean form an approximate mirror image.

E **escala** El tamaño de las unidades en un eje de una gráfica o recta numérica. Por ejemplo, cada marca en el eje vertical puede representar 10 unidades.

scale The size of the units on an axis of a graph or number line. For instance, each mark on the vertical axis might represent 10 units.

estadística sumaria Un solo número que transmite información básica, pero importante, sobre una distribución. Los ejemplos de la estadística sumaria incluyen la media, la mediana, la moda, el rango, la DAM y el REC.

summary statistic A single number that conveys basic, but important, information about a distribution. Examples of summary statistics include the mean, median, mode, range, MAD, and IQR.

explicar Vocabulario académico Proporcionar datos y detalles que hagan que una idea sea más fácil de comprender. Explicar puede incluir un resumen escrito apoyado por un diagrama, una gráfica, una tabla o una combinación de estos.

términos relacionados *analizar, aclarar, describir, justificar, decir*

ejemplo Explica cómo determinar la media y la moda del conjunto de datos 10, 15, 20, 10.

La media es $\frac{10+15+20+10}{4} = 13.75$.

La moda de estos datos es 10 porque 10 es el valor que ocurre con mayor frecuencia.

explain Academic Vocabulary To give facts and details that make an idea easier to understand. Explaining can involve a written summary supported by a diagram, chart, table, or a combination of these.

related terms *analyze, clarify, describe, justify, tell*

sample Explain how to determine the mean and the mode of the data set 10, 15, 20, 10.

The mean is $\frac{10+15+20+10}{4} = 13.75$.

The mode of this data is 10 because 10 is the value that occurs most often.

F **forma de una distribución** La forma de una distribución se puede describir al identificar grupos y brechas, y al observar si la distribución es simétrica o asimétrica.

shape of a distribution The shape of a distribution can be described by identifying clusters and gaps, and by noting whether the distribution is symmetric or skewed.

G

gráfica de barras de valores ordenados Una gráfica de barras en la que las barras están ordenadas en orden de longitud creciente (o decreciente).

ordered-value bar graph A bar graph in which the bars are arranged by increasing (or decreasing) order of length.

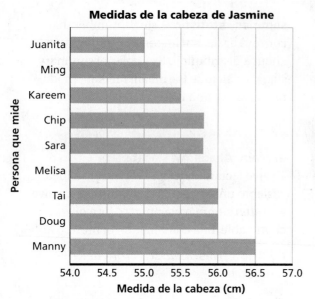

Medidas de la cabeza de Jasmine

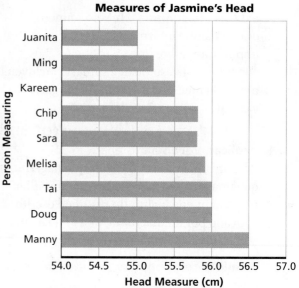

Measures of Jasmine's Head

gráfica de caja y bigotes o diagrama de caja Una representación que muestra la distribución de los valores de un conjunto de datos separados en cuatro grupos de igual tamaño. Un diagrama de caja se construye con un resumen de cinco números de los datos.

box-and-whisker plot, or box plot A display that shows the distribution of values in a data set separated into four equal-size groups. A box plot is constructed from a five-number summary of the data.

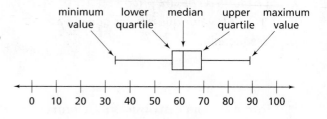

grupo Un grupo de valores de datos numéricos que están cerca unos de otros.

Por ejemplo, considera el conjunto de datos 2, 2, 2, 2, 3, 3, 7, 7, 8, 9, 10, 11. Hay un *grupo* de valores de datos en 2 (o de 2 a 3) y una *brecha* entre los valores de datos 3 y 7.

cluster A group of numerical data values that are close to one another.

For example, consider the data set 2, 2, 2, 2, 3, 3, 7, 7, 8, 9, 10, 11. There is a *cluster* of data values at 2 (or from 2 to 3) and a *gap* between data values 3 and 7.

H **histograma** Una representación que muestra la distribución de datos numéricos. El rango de valores de datos, dividido en intervalos, se representa en el eje horizontal. El eje vertical muestra la frecuencia en números o en porcentajes. La altura de la barra sobre cada intervalo indica el conteo o porcentaje de valores de datos en ese intervalo.

El siguiente histograma representa la calificación de la calidad de ciertas marcas de mantequilla de maní. La altura de la barra sobre el intervalo de 20 a 30 es 4. Esto indica que cuatro marcas de mantequilla de maní tienen una calificación mayor que o igual a 20 y menor que 30.

histogram A display that shows the distribution of numeric data. The range of data values, divided into intervals, is displayed on the horizontal axis. The vertical axis shows frequency in numbers or in percents. The height of the bar over each interval indicates the count or percent of data values in that interval.

The histogram below shows quality ratings for certain brands of peanut butter. The height of the bar over the interval from 20 to 30 is 4. This indicates that four brands of peanut butter have quality ratings greater than or equal to 20 and less than 30.

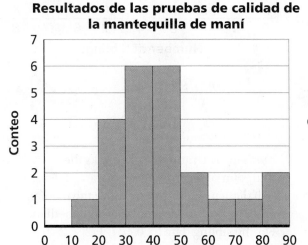

Resultados de las pruebas de calidad de la mantequilla de maní

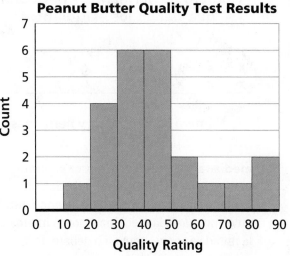

Peanut Butter Quality Test Results

I **intervalo** Un grupo continuo de números. Por ejemplo, una encuesta puede recopilar datos sobre las edades de las personas. Las respuestas se pueden agrupar en intervalos, como 5 a 9, 9 a 12 y 12 a 16.

El intervalo de 5 a 9 incluiría todas las edades de 5 y mayores de cinco, pero no exactamente 9. Si tu noveno cumpleaños fuera mañana, tus datos se encontrarían en el intervalo de 5 a 9.

interval A continuous group of numbers. For example, a survey might collect data about people's ages. The responses could be grouped into intervals, such as 5–9, 9–12, and 12–16.

The interval 5–9 would include all ages 5 and older but not quite 9. If your ninth birthday were tomorrow, your data would fall into the interval 5–9.

media El valor que se halla cuando todos los datos se combinan y luego se redistribuyen de manera uniforme. Por ejemplo, el número total de hermanos y hermanas en los datos del siguiente diagrama es 56. Si los 19 estudiantes tuvieran la misma cantidad de hermanos y hermanas, cada uno tendría aproximadamente 3 hermanos o hermanas. Las diferencias de la media se "equilibran" de manera que la suma de las diferencias por encima y por debajo de la media sea igual a 0. La media de un conjunto de datos es la suma de los valores dividida por el número de valores en el conjunto.

mean The value found when all the data are combined and then redistributed evenly. For example, the total number of siblings for the data in the line plot below is 56. If all 19 students had the same number of siblings, they would each have about 3 siblings. Differences from the mean "balance out" so that the sum of differences below and above the mean equal 0. The mean of a set of data is the sum of the values divided by the number of values in the set.

Number of Siblings Students Have

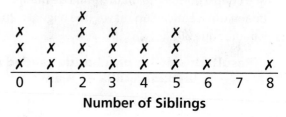

Número de hermanos y hermanas que tienen los estudiantes

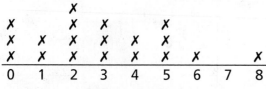

Número de hermanos y hermanas

mediana El número que marca el punto medio de un conjunto ordenado de datos. Por lo menos la mitad de los datos se encuentran en o encima de la mediana y por lo menos la mitad se encuentran en o debajo de la mediana. Para los datos de los hermanos y hermanas (0, 0, 0, 1, 1, 2, 2, 2, 2, 3, 3, 3, 4, 4, 5, 5, 5, 6, 8), la mediana de la distribución de hermanos y hermanas es 3 porque el décimo valor (el del medio) en el conjunto ordenado de 19 valores es 3.

Cuando una distribución contiene un número par de valores de datos, la mediana se calcula hallando el promedio de los dos valores de datos del medio en una lista ordenada de los valores de datos. Por ejemplo, la mediana de 1, 3, 7, 8, 25 y 30 es 7.5, porque los valores de datos 7 y 8 son tercero y cuarto en la lista de seis valores de datos.

median The number that marks the midpoint of an ordered set of data. At least half of the values lie at or above the median, and at least half lie at or below the median. For the sibling data (0, 0, 0, 1, 1, 2, 2, 2, 2, 3, 3, 3, 4, 4, 5, 5, 5, 6, 8), the median of the distribution of siblings is 3 because the tenth (middle) value in the ordered set of 19 values is 3.

When a distribution contains an even number of data values, the median is computed by finding the average of the two middle data values in an ordered list of the data values. For example, the median of 1, 3, 7, 8, 25, and 30 is 7.5 because the data values 7 and 8 are third and fourth in the list of six data values.

moda El valor que aparece con mayor frecuencia en un conjunto de datos. En el conjunto de datos 2, 2, 2, 2, 3, 3, 7, 7, 8, 9, 10, 11, la moda es 2.

mode The value that appears most frequently in a set of data. In the data set 2, 2, 2, 2, 3, 3, 7, 7, 8, 9, 10, 11, the mode is 2.

P

predecir Vocabulario académico
Hacer una suposición basada en el análisis de datos reales.

predict Academic Vocabulary
To make an educated guess based on the analysis of real data.

términos relacionados *estimar, encuestar, analizar, observar*

related terms *estimate, survey, analyze, observe*

ejemplo Daniel sabe que la media de vida de su tipo de pez tropical es de 2 años. ¿Qué otra información podría ayudar a Daniel a predecir cuánto vivirá su pez?

sample Dan knows that the mean life span of his type of tropical fish is 2 years. What other information could help Dan predict how long his fish will live?

> Si Daniel también supiera la mediana de vida, tendría más información para predecir cuánto vivirá su pez. La media podría estar sesgada debido a uno o más valores extremos.

> If Dan also knew the median life span he would have more information to predict how long his fish will live. The mean could be skewed because of one or more outliers.

R

rango La diferencia del valor máximo y el valor mínimo en una distribución. Si se sabe que el rango de los datos es 12 gramos de azúcar por porción, entonces se sabe que la diferencia entre el valor mínimo y el máximo es 12 gramos. Por ejemplo, en la distribución 2, 2, 2, 2, 3, 3, 7, 7, 8, 9, 10, 11, el rango del conjunto de datos es 9, porque $11 - 2 = 9$.

range The difference of the maximum value and the minimum value in a distribution. If you know the range of the data is 12 grams of sugar per serving, you know that the difference between the minimum and maximum values is 12 grams. For example, in the distribution 2, 2, 2, 2, 3, 3, 7, 7, 8, 9, 10, 11, the range of the data set is 9, because $11 - 2 = 9$.

rango entre cuartiles (REC) La diferencia de los valores del cuartil superior (C3) y el cuartil inferior (C1).

interquartile range (IQR) The difference of the values of the upper quartile (Q3) and the lower quartile (Q1).

En el siguiente diagrama de caja y bigotes, el cuartil superior es 69 y el cuartil inferior es 58. El REC es la diferencia de 69 a 58, u 11.

In the box-and-whisker plot below, the upper quartile is 69, and the lower quartile is 58. The IQR is the difference 69–58, or 11.

$REC = 69 - 58 = 11$

$IQR = 69 - 58 = 11$

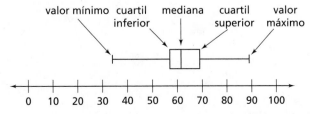

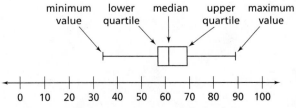

representar Vocabulario académico
Significar o tomar el lugar de algo más. Los símbolos, las ecuaciones, las gráficas y las tablas a menudo se usan para representar situaciones particulares.

términos relacionados *simbolizar, significar*

ejemplo Jerry hizo una encuesta entre sus compañeros de clase sobre el número de mascotas que tienen. Anotó sus datos en una tabla. Representa los resultados de la encuesta de Jerry en una gráfica de barras.

represent Academic Vocabulary
To stand for or take the place of something else. Symbols, equations, charts, and tables are often used to represent particular situations.

related terms *symbolize, stand for*

sample Jerry surveyed his classmates about the number of pets they have. He recorded his data in a table. Represent the results of Jerry's survey in a bar graph.

¿Cuántas mascotas?

Número de mascotas	Número de estudiantes
0 mascotas	10
1 mascota	11
2 o más mascotas	8

How Many Pets?

Number of Pets	Number of Students
0 pets	10
1 pet	11
2 or more pets	8

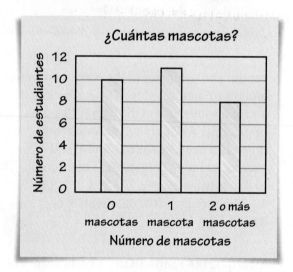

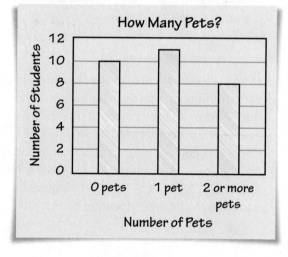

Datos sobre nosotros

T **tabla** Una herramienta para organizar información en filas y columnas. Las tablas permiten que se hagan listas de categorías o de valores y luego se cuenten las incidencias.

table A tool for organizing information in rows and columns. Tables let you list categories or values and then tally the occurrences.

Colores favoritos

Color	Número de estudiantes
Rojo	6
Blanco	15
Azul	9

Favorite Colors

Color	Number of Students
Red	6
White	15
Blue	9

tabla de frecuencias Una tabla que enumera todos los valores de datos y usa marcas de conteo o algún otro recurso para mostrar el número de veces que se produce cada valor de datos.

frequency table A table that lists all data values, and uses tally marks or some other device to show the number of times each data value occurs.

Longitudes de nombres chinos (de Longitudes de nombres, Tabla 1)

Número de letras	Conteo	Frecuencia
1		0
2		0
3		0
4		■
5	||	■
6	|||	■
7		■
8	||	■
9		■

Length of Chinese Names (From Name Lengths Table 1)

Number of Letters	Tally	Frequency
1		0
2		0
3		0
4		■
5	||	■
6	|||	■
7		■
8	||	■
9		■

V **valor extremo** Un valor que se encuentra lejos del "centro" de una distribución y no es como los demás valores. El *valor extremo* es un término relativo, pero indica un dato que es mucho más alto o mucho más bajo que los valores que se podrían esperar normalmente para la distribución.

Para identificar un valor extremo en una distribución representada por un diagrama de caja, se mide la distancia entre C3 y cualquier valor que se sospeche es extremo en la parte superior del rango de los valores de datos; si esta distancia es mayor que $1.5 \times REC$, entonces el valor de datos es un valor extremo. Del mismo modo, si la distancia entre cualquier valor de datos en la parte inferior del rango de valores y C1 es mayor que $1.5 \times REC$, entonces el valor de datos es un valor extremo.

outlier A value that lies far from the "center" of a distribution and is not like other values. *Outlier* is a relative term, but it indicates a data point that is much higher or much lower than the values that could be normally expected for the distribution.

To identify an outlier in a distribution represented by a boxplot, measure the distance between Q3 and any suspected outliers at the top of the range of data values; if this distance is more than $1.5 \times IQR$, then the data value is an outlier. Likewise, if the distance between any data value at the low end of the range of values and Q1 is more than $1.5 \times IQR$, then the data value is an outlier.

---

valor máximo El dato con el mayor valor en un conjunto de datos. En el conjunto de datos 2, 2, 2, 2, 3, 3, 7, 7, 8, 9, 10, 11, el valor máximo es 11.

maximum value The data item with the greatest value in a data set. In the data set 2, 2, 2, 2, 3, 3, 7, 7, 8, 9, 10, 11, the maximum value is 11.

---

valor mínimo El dato con el menor valor en un conjunto de datos. En el conjunto de datos 2, 2, 2, 2, 3, 3, 7, 7, 8, 9, 10, 11, el valor mínimo es 2.

minimum value The data item with the least value in a data set. In the data set 2, 2, 2, 2, 3, 3, 7, 7, 8, 9, 10, 11, the minimum value is 2.

---

variabilidad Indicación de cuán dispersos o agrupados están los valores de datos. El rango, los valores mínimo y máximo, y los grupos en la distribución dan cierta indicación de variabilidad. La variabilidad de una distribución también se puede medir por su REC o por su DAM.

variability An indication of how widely spread or closely clustered the data values are. Range, minimum and maximum values, and clusters in the distribution give some indication of variability. The variability of a distribution can also be measured by its IQR or MAD.

Índice

Índice

Agradecimientos

Diseño de la portada
Three Communication Design, Chicago

Texto
113 American Pet Products Association

Data from *"2011-2012 National Pet Owners Survey"* from the American Pet Products Association (APPA)

Fotografías
Photo locators denoted as follows: Top (T), Center (C), Bottom (B), Left (L), Right (R), Background (Bkgd)

002 Solent News/Splash News/Newscom; **003** WaterFrame/Alamy; **013** (CL) Plusphoto/AmanaimagesRF/Getty Images, (CR) iStockPhoto/Thinkstock, (BC) Jeayesy/Fotolia, **022** Lculig/Shutterstock; **047** Solent News/Splash News/Newscom.